人在旅途

赵振元 张小平 著

下册

四川文艺出版社

图书在版编目（CIP）数据

人在旅途 ：上、下 / 赵振元，张小平著． -- 成都 ：
四川文艺出版社，2021.10

ISBN 978-7-5411-6120-9

Ⅰ．①人… Ⅱ．①赵… ②张… Ⅲ．①游记－作品集
－中国－当代 Ⅳ．①I267.4

中国版本图书馆 CIP 数据核字（2021）第 178082 号

人在旅途

责任编辑 朱　兰　　蔡　曦
摄　　影 赵振元　　张小平　　钟晓民 等
责任校对 段　敏
策划设计 民泺影视

出版发行 四川文艺出版社（成都市槐树街 2 号）
网　　址 www.scwys.com
电　　话 028-86259285（发行部）028-86259303（编辑部）
传　　真 028-86259306

邮购地址 成都市槐树街 2 号 四川文艺出版社 邮购部 610031
排　　版 四川省散文诗学会
印　　刷 四川宏丰印务有限公司
成品尺寸 240mm × 170mm 1/16
印　　张 29　　　**字 数** 30 万
版　　次 2021 年 10 月第一版　　**印 次** 2021 年 10 月第一次印刷
书　　号 ISBN 978-7-5411-6120-9
定　　价 268.00 元（上下册）

作者简介

赵振元，1955 年 12 月生，浙江平湖人。1969 年 6 月离家赴内蒙古建设兵团，后毕业于西安交大，又在四川大学、电子科技大学深造，2005 年 5 月电子科技大学博士生毕业，获博士学位，享受国务院特殊津贴。先后荣获全国十大改革创新人物、首届亚洲管理创新十大新闻人物、中国经济十大新闻人物（2004 年首获此殊荣，时隔 16 年后，2020 年再获此殊荣）、中国管理创新十大杰出人才、2017 年亚洲光伏创新杰出贡献人物、2017 年中国能源年度影响力人物、2019 年改革开放四十年“中国光伏发展十大功勋企业家”等称号。2021 年获得“亚洲光伏产业贡献奖”个人奖。

现任太极实业（股票代码 600667）董事长，信息产业电子第十一设计研究院科技工程股份有限公司董事长、党委书记，中国信息产业商会副会长，无锡新能源商会理事长，中外散文诗学会执行主席，《散文诗世界》杂志名誉主编，中国作家协会会员，是横跨管理、科技、诗歌、词作、书法等多领域的专家。

在科技方面已发表论文百余篇，出版《能源科学技术与环境保护》《中外设计的竞争策略》《工业锅炉的节能环保技术》《科学的方法》《高科技工程的总承包实践》等多部科技专著。

在诗歌创作方面，先后出版《窗外飘着雪》《江南的雨》《红旗飘飘》《我们走在大路上》《浪花里飞出欢乐的歌》《今夜又下着雨》《城市记忆》《诗情画意咏人间》等专著，出版了《江南的雨》《红旗飘飘》《圣洁的阳光》《中国光伏界庆祝建党100周年赵振元诗歌朗诵会无损音像碟》等配乐朗诵专碟，与夫人张小平合著了游记专著《行走在远方》《外面的世界》《一路风尘》，在全国各地举办了多场赵振元诗歌朗诵会。

在歌词创作方面，先后创作了《小宝宝》《老伴》《妈妈》《童年真快乐》《潮起东方》《改制换得新天地》《跃进新时代》《与亲爱的祖国同行》《无锡美》《嘉兴美》《欢乐的中国》《十一科技的梦想》《我们是一家人》《盼春风》《祖国你正年轻》《新能源之歌》等优美歌曲，这些歌曲均由著名作曲家彭涛谱曲，大部分已经广为传唱，其中《小宝宝》《老伴》《妈妈》已被中央电视台多次播放。

在管理方面，已发表数百篇管理短文，《管理随笔》（一、二、三、四集）、《平台理论》由光明日报出版社出版，其中，电子科技大学校长曾勇博士为《管理随笔》作序，中国上市公司协会会长宋志平为《平台理论》作序。

张小平，1955 年 5 月生，四川三台人。1976 年 9 月毕业于德阳机器制造学校铸造专业（现为四川省工程技术学院）。1991 年调入信息产业部电子第十一设计研究院，先后任统计师、副总监、总监、总包公司副总经理、商务总监等，2000 年任高级统计师，2009 年被评为国家一级建造师、工程技术评定专家、《心声：赵振元、彭涛音乐歌曲集》总策划及 MV 总监制。

在职期间，参加了国家统计干部函授学院学习，中央党校四川函授学院经济管理专业本科毕业，电子科技大学管理科学与工程研究生课程班结业。2005 年获全国优秀安装项目经理称号。参加的赛意法二期总包项目获全国工程设计优秀项目管理铜奖、四川省工程设计优秀项目一等奖。在工作中分别获得最佳人物奖、最佳方案奖等荣誉，多次出任重大项目经理或商务经理。先后在《散文诗世界》杂志上发表《姐妹情深》等散文，诗文以情感细腻、笔调流畅见长。与先生赵振元合著游记《行走在远方》《外面的世界》。

序

行者为大　智者为上

——《人在旅途》序

何建明

人的一生，走过多少路？见过多少事？每个人都不一样。孙中山先生曾说过这样一句话："行千里路，读万卷书，布衣亦可傲王侯。"可见"行"对人的意义。

俗话说：路走多了，见的世面自然也多。所以即使是一个普通人，也可以在很牛的"侯王"面前骄傲三分。更何况本身就已经很智慧，却又能"行千里"，其果必定超乎寻常。赵振元先生就是属于这样的人。他和他的夫人不仅是生活中的恩爱伉俪，还是比翼双飞的文学情侣，这部《人在旅途》是我近五六年中读到的若干部他俩共同创作的散文诗、随笔作品中的又一部让我很是欣赏的作品。

2020 年是个特殊的年份，新冠疫情大流行，多数人的步履被深深地限制住了，视野与思想似乎也同样受限了。但是见多识广的赵振元夫妇思路与视野似乎一如既往地开阔。我想可能有两个原因：一是大疫情流行时，原本由他主持的一个国有大科技企业的生产受到一定限制，而让他和夫人有更多时间自由支配了？二是习惯了“行”的他和他的她自律的作用——不走不行，既然走了很多，就应该走更多！而这两个“可能”，其实用在2020年这个特殊年份，意义就很不一样，因为只有智慧者才会作出如此选择：所有其他人的脚步停下了，唯我继续前行，独观大好河山，岂不美哉美哉！

我想赵振元和张小平夫妇就是这样的智者、大智慧者也。

读万卷书，行千里路，这对一般人是如此，但对有心有情有念者则不同，他会在行的过程中认真观察、思考，最后“亮”出自己的观点和对这个世界的认识，这是“游子”的独特魅力，独特才华和独特情怀的体现。

《人在旅途》就是这样一本书，体现智者对人生和时间的独立选择、体现了对空间与对象的独立选择，同时又是对“旅途”的那般“早已神往，此番前来，感同其深”的深深感触和认知。

《人在旅途》是一部旅游日志、游记散文，它是随着作者的足迹而延伸和扩展，所去地点都是我们心已动，却始终未能成行的著名旅游景区和人文与自然的名胜。他和她去了，有一种“圆梦”之旅的味道，因为那些地方我们早已神往却由于种种原因而一直失之交臂，会留下深深的遗憾，但他们帮我们“完成”了这样可想而又不可全部所及的旅行，因此这样的“人在旅途”其实意义不仅仅是已经完成“旅途”的作者他们自己，也为其他所有想“旅途”又不能前往的人圆梦。这个意义令人产生一种感恩之情。

我看完《人在旅途》就是这种感受。

我在一定程度上对两位作者有所了解：他们都是科技战线的企业领导，平时工作很忙，责任也大，尤其是赵振元先生，身为一个大企业的董事长，管理着一个上市公司、万余人的队伍，业务遍布全国，平时几乎都是在旅途中，但这个旅途是工作和业务上的，很疲倦，也很无奈，是“饭碗”和责任。这个“旅途”上，作者是位叱咤风云并受到国家高度褒奖的人。然而赵振元先生及他夫人又是一对对文学和艺术情有独钟的人，在我看来他俩从某种意义上讲，对文学和艺术比做生意似乎还要上劲和入迷。听赵振元先生讲过这样的话：“做生意是习惯性和管理型的，其思维是直线和理工式的，而文学和艺术常让我忘情……”这大概是他和夫人为什么能在这么繁重的工作压力下仍能写出一部部作品的根本所在。这是一种非凡的能力和非凡的感觉。我们大家都有一种体会：到一个你所渴望的地方去旅行，而当你兴致冲冲看完、走完和实现愿望之后，可能是一种释怀、一种疲倦、一种放松，但很少有人在同时具有这几种感觉之后还能把所见所闻一一记录与重述，并且作用某些感知、感悟与提升到人的生命的哲学和艺术的境界之上，这绝对是有情怀的人的一种不凡的能力。赵振元先生和他夫人属于这样的人。

行者为大，智者为上。我之所以这样讲，是因为我从赵振元和他夫人身上看到了这种十分可贵、常人所不可能有的精神、思想与品质。这种精神、思想和品质，是人的生命燃烧点和灼热度。没有这种情感的燃烧点和灼热度的人，不可能做得成大事。所以“行者为大”，这里的“行”不仅仅是旅行多少的概念，而是人生的问题，做人的问题。因此我认为赵振元先生和他夫人的不懈努力、继续往前的“旅途”，就是精神和意志、理想与信仰的体现，也是他们人的品质的外溢，很值得我们去学习与领悟。老实说，他们走过的许多地方我一直想去，但似乎被许多个人的局限限制住了——绝对不要说“没时间”“没钱”等这类问题，完全不是的，是自己的懒散、自我放弃等因素才放弃了这样的一次次“旅途”，其实多数人都跟我一样。比如我太想去一趟漠河边境去体验一下，但总不成行。为什么？就是这怕那怕，这“忙”那“忙”，实际上完全是自找的理由在一次次放弃。这种放弃看起来似乎并不重要，因为一生去不去漠河也“无妨大局”。可从人的精神世界来理解，那实际上是一种大失败——你预定的奋斗目标，结果没有去完成，或者半途而废，这不是人生残缺又是什么呢？强者、智者、伟大者，绝对不会是这样。所以有一句话叫作“自知者英，自胜者雄”，道理也在此。英雄者是靠自律、靠自觉、靠自立、靠自醒。由此我认为《人在旅途》不简单是一本旅游式散文集，当你了解作者是何许人也、是如何写成这些篇章、为什么要写这些篇章的时候，你读到的不仅仅是“游山逛水”，而是精神之洗礼、人生之秘道。

赵振元先生和他夫人的人生与事业都很成功。他们是真正的具有文艺情怀的大者和智者。他们的“人在旅途”还在生龙活虎、有滋有味地走着。因此我特别期待能看到他们的新一次“旅途”，新一本作品。这也是喜欢他们的读者们的期待。

2021 年“七一”于北京

何建明，著名作家，中国作家协会副主席，中国报告文学学会会长。当代最有影响力的报告文学作家，曾三次获得“鲁迅文学奖”、五次获得中宣部“五个一工程”奖、四次获得“徐迟报告文学奖”。代表作有《落泪是金》《忠诚与背叛》《南京大屠杀全纪实》《浦东史诗》《大桥》等。

作者与何建明（左）

目录

contents

成都篇

深圳篇

闽粤篇

三亚篇

【三峡篇】

【后记】

摄影：钟晓民

成都暖阳

中午从合肥顺利回到成都。中国地大物博，成都就有1600多万人口，而现在成都新冠阳性确诊人数仅有几人，采取措施后，我相信这些人不会有生命危险，很快会被治愈。

下午，我与夫人先到春熙路旁的国际金融中心商城，后又到万象城去配眼镜，一路走来，看到成都市的一切都正常，人们在冬日暖阳下，享受着这份阳光，享受着这个周末假日，享受着成都这份特有的休闲。

我们为成都的这份从容而感动。成都的一切都井然有序，成都的这份从容让人感动。

我们为成都的这份休闲而快乐。在冬日暖阳下，这是多么难得的宝贵时光，会会友，购购物，晒太阳，透透气。喝喝茶，聊聊天，享受周末假日的快乐，除去一周的疲惫，换来的是对新生活的动力，换来的是亲友们情感的加深，这比关在家里要好得多。

我们为成都的这份淡定而更加有信心。一手抓防疫，一手抓生产；一手防疫情，一切都正常，这是我们应有的正确态度。成都的这份淡定是成都人的自信理念，是成都人的文化传承，是成都人心中永远不变的乐观态度。

暖暖的午后，看到的是成都市民的自信，看到的是疫情下成都市民的从容，看到的是一张温馨而幸福的成都快乐生活图。

暖暖的午后，带来的是成都对快乐生活的理解，享受的是冬日暖阳的温暖，感受的是无法用言语表达的那份快乐。

2020.12.12

成都博物馆

今天是周日，我们来到了新的成都博物馆，这是成都新博物馆开放后，我们第一次参观，真是大开眼界。在成都市东风路大慈寺处的成都博物馆，于 1984 年正式对外开放，已有五十余年的历史；但老馆太小，已经无法满足成都快速发展的需要，建立新馆，是全市人民的热切盼望。2009 年，成都博物馆新馆奠基；2016 年 6 月，成都博物馆新馆建成并开放。

新的成都博物馆位于成都市天府广场西侧，毗邻四川省图书馆、四川美术馆、四川科技馆，位于成都市中心，位置很好，交通方便，四通八达，我们在博物馆的最高层对外俯瞰，视野十分开阔，美丽的天府广场尽收眼底。

新的成都博物馆，占地面积约 17 亩，总建筑面积 65000 平方米，内部空间划分为公共活动区、展陈区、文物库区、办公区等。主体建筑分为南楼和北楼，仅地上展出就有五层，总展陈面积达 14000 平方米。

我们在成都博物馆，饶有兴趣地参观了成都古代史馆、近代史馆，参观了画家潘玉良的作品展。丰富的内容，翔实的史料，一流的艺术作品，精心的设计，深深地吸引着我们，我们既为成都博物馆的现代设计称好，更为博物馆展出的一流经典艺术作品而点赞。

博物馆是了解城市发展历史的展示。

博物馆，是一个城市的历史记载，是一个城市曾经经历的光荣，是城市永不落幕的发展成就展，人们在这里可以了解这座城市的过去、现在与未来。通过参观成都的古代馆与近代馆后，我们对成都悠久而灿烂的历史有了进一步了解。

成都，有着璀璨的历史文化，自古至今，都是中国著名的大都会。李白的著名诗句“九天开出一成都，万户千门入画图”，给我们生动描绘了成都的辉煌与美丽。成都，是古蜀文明的发源地，境内金沙遗址有着 3000 多年的历史。蜀汉、成汉、前蜀、后蜀等政权先后在此建都。成都，汉为全国五大都会之一，唐有“扬一益二”之称，其中扬是指扬州，益是指益州（唐代对成都的称谓）。北宋时期，成都是汴京外的第二大都会。蜀郡太守李冰，主持修建了沿用至今的都江堰水利工程，堪称世界水利史上的奇迹。通过博物馆里提供的图片、文字、影像与实物展示，人们对成都的历史会有更深的了解与记忆。

博物馆，是一个城市对外交流的平台，是一个城市历史文化的窗口，人们可以通过这个窗口与平台，连接起中外历史文化友好交流的纽带，搭建起与世界沟通的桥梁。成都博物馆展出的《欧洲绘画五百年》，是一次非常难得的经典艺术画展，其中的每一幅画都价值连城，如果不是通过城市博物馆的渠道，我们是无法享受到这种文化盛宴的。这些欧洲绘画作品年代久远、作品思想丰富、历史与艺术价值极高。这些画从远隔重洋的美国，来到成都，真是不易，让我们大开眼界。中国著名画家、雕塑家潘玉良（1895—1977）的画展，让我们更多地了解了她传奇的一生，欣赏她的作品后，体会到她在绘画艺术方面达到的世界级水平。潘玉良一生历尽坎坷，从青楼女子到享誉

世界的艺术家，她一生经历得太多太多。她在风景、人物、静物、雕塑、版画、国画的创作方面，无所不能，在中西融合方面，大胆探索，成为世界级的画家。

博物馆，是教育的场所，是知识的补充，也是旅游的好去处。青少年可以在这里经历一次历史与文化的熏陶与教育，从而增进对这座城市的了解，增进对先辈们的尊敬；而对更多的参观者与观光游客而言，博物馆是他们应该常去的地方，因为这里可以增长知识，扩大见识，可以打开了解这座城市的一面窗户。我们在国外旅游时，时常把参观博物馆作为必要的行程，国外名目繁多的博物馆往往让你流连忘返。从这个意义上，我们的博物馆不是多了，而是少了，展出的内容，可以更加丰富。

2020.12.27

光影浮空——欧洲绘画五百年

今天在成都博物馆，最难忘的还是有幸参观了世界艺术珍品《光影浮空——欧洲绘画五百年》。能看到如此大规模的真迹展出，这是来之前根本不敢想的事。

欧洲绘画五百年展出的画作，是由美国纽菲尔兹印第安纳波利斯艺术博物馆（英文简称 IMA）所珍藏，其收藏史跨越一个多世纪，常被称为“藏品之集大成者”。

IMA 馆长查尔斯·维纳布尔博士在《光影浮空——欧洲绘画五百年》大型精美画册的前言中介绍了 IMA：IMA 位于美国中西部的中心地带，1883 年由一群希望向公众呈现美术

作品的公民领袖创建。如今，IMA的欧洲艺术收藏超过2000件，包含了绘画、雕塑、装饰艺术和纸质作品。博物馆拥有超过46000件作品，同时拥有大量美国、非洲和亚洲艺术藏品，以及装饰、当代设计和时尚艺术藏品，代表了人类5000年的创作努力。拥有137年历史的IMA，其收藏范围和服务宗旨一直在不断延伸和发展。IMA现在是美国历史最悠久、规模最大的博物馆和花园综合体之一。本次展览包括了纽菲尔兹印第安纳波利斯艺术博物馆收藏的一些最美和最重要的绘画作品。由于IMA的欧洲美术馆正在翻新，这些作品得以首次巡回展出。精选出来的作品以其非凡的品质清晰地叙述了欧洲艺术史的发展历程，从早期的意大利文艺复兴到19世纪的法国印象派都包含其中。展览跨越不同时空，涵盖了欧洲艺术史上最具影响力的时期和流派，尤以提香、鲁本斯、伦勃朗、戈雅、高更和莫奈等大师的杰作为代表。

整个展出分为五个单元：

第一单元，欧洲历史与宗教绘画（1350—1700）。

在漫长的中世纪时期（约 5 世纪到 15 世纪）的大部分时间里，欧洲绘画几乎仅限于表现《圣经》故事、先知圣徒形象等题材。随着文艺复兴运动在意大利及周边地区的发展，16 世纪，罗马成为欧洲最重要的艺术中心。

在这部分展出的有内鲁西奥·迪巴托洛梅奥·兰迪（意大利，1447—1500）的《圣母玛利亚和圣子与施洗者圣约翰和抹大拉的圣玛利亚》、彼得·保罗·鲁本斯（佛兰德斯，1577—1640）的《君士坦丁凯旋罗马》、卡洛·马拉蒂（意大利，1625—1713）的《井边的利百加和以利致谢》、卢卡·焦达诺（意大利，1632—1705）的《圣约瑟之梦》等，共 11 幅巨画。

第二单元，欧洲寓言、静物和风俗画（1600—1750）。

文艺复兴之后，人文主义的新观念得到进一步发扬。人们的艺术品位和表达越发多元，寓言、静物和风俗画等新的画种类得到长足发展，而这些画作往往蕴藏着现代画者难以直接领会的内涵。

这部分展出的有米开朗基罗·梅里西·达·卡拉瓦桥的追随者（意大利，1571—1610）的《沉睡的丘比特》、小扬·勃鲁盖尔工作室（佛兰德斯，1601—1678）的《味觉》、扬·米恩斯·莫勒纳尔（荷兰，约 1610—1668）的《嘉年华与四旬斋之战》、威廉·卡尔夫（荷兰，1619—1693）的《中国瓷罐静物画》等，共 9 幅巨画。

第三单元，理想与个性：欧洲肖像画（1600—1750）。

16 世纪可谓新思想和新实验层出不穷的时期之一，伴随着人文主义思想引发的社会文化变革，学者、作家和艺术家们从古希腊和古罗马文化中吸取灵感，强调个性和人性的巨大潜力。其中肖像绘画被赋予了新的重要意义。

这部分展出的有提香（意大利，约 1488—1576）的《男子肖像》、柯奈·德·里昂（荷兰，活跃于法国，1500—1575）的《夏蒂隆夫人肖像》、弗朗索瓦·克鲁埃（法国，1510—1572）的《弗朗索瓦·德·塞波元帅肖像》、让－马克·纳蒂埃（法国，1685 一 1766）的《克罗扎特·德·蒂耶斯夫人和她的女儿》等，共 15 幅巨画。

第四单元，纯粹与真实：欧洲风景画（1600—1750）。

在意大利文艺复兴等诸多因素的影响下，画家们越来越倾向于以一种高度写实的笔法来描绘万物于自然中的姿态。在

14至15世纪的北方宗教画中，我们常能感受到画家对自然的偏爱。至17世纪，风景画在阿尔卑斯山南北两侧地区都兴盛起来。

这一部分展出的有老扬·勃鲁盖尔（佛兰德斯，1568—1625）的《河流景观》、克劳德·洛兰（法国，1604—1682）的《逃往埃及》、乔瓦尼·保罗·帕尼尼（意大利，1691—1765）的《罗马随想曲：斗兽场和其他古迹》、加纳莱托（意大利，1697—1768）等，共6幅巨作。

第五单元，变革与风格：19世纪后的欧洲艺术（始于18世纪下半叶）。

始于18世纪下半叶的工业革命和法国大革命持续引发欧洲技术革新与社会深刻变革，也对艺术领域产生巨大冲击。百年间，欧洲绘画活动的中心逐渐转移到了法国的巴黎，这里的学院展和沙龙展颇受艺术家、艺术经销商和赞助人们的推崇和欢迎。

这部分展出的画有约翰·布雷特（英国，1830—1902）的《那不勒斯湾的马莎》、古斯塔夫·多雷（法国，1832—1883）的《高地洪流》、伊丽莎白·简·加德纳·布格罗（美国，活跃于法国，1837—1922）的《抱着孩子的年轻女孩》（临摹威廉让-马克·纳蒂埃阿道夫·布格罗1877年创作的同名作）、查尔斯·巴格涅特（比利时，活跃于法国，1814—1886）的《华盛顿的生日》等，共19幅巨画。

这些画都是艺术经典，历史巨作，这些画生动地反映了那个特定的历史年代的人物与风景。人物画，能把人物的鲜明特点与个性表现得淋漓尽致，刻画得入木三分；风景画，层次丰

富，色彩变化，真实细致，无论是远看还是近观，都非常真实、优美、感人。绘画，最重要的是形象、生动、逼真、丰富、细腻，富有创意，给人留下不可磨灭的印象。

说实话，我们并没有资格评论这些巨作，因为我们并不懂绘画，但我们喜欢这里展出的每一幅画作，这些画作给我们留下难忘的印象。其中心里最喜欢的还是《抱着孩子的年轻女孩》这幅临摹画。

这幅画，是美国画家伊丽莎白·简·加德纳的临摹作品。她在 1864 年来到法国，为那些富有的美国客户临摹藏于巴黎卢浮宫和其他博物馆的绘画作品，她是极少数在享有盛名的巴黎沙龙中获得奖牌的女性之一。自 19 世纪 70 年代开始，她便开始在著名画家威廉—阿道夫·布格罗的画室工作。1896 年，在经过 19 年的爱情长跑后，加德纳与布格罗喜结连理。加德纳是学院派风格，并且受到布格罗的强烈影响：以精确、细致的笔触和层次丰富的色彩变化来尽可能地塑造立体形象。

这是一幅表现姐弟情深的画作，画中的美丽而年轻女孩紧紧抱着她的可爱弟弟，体现着姐姐对弟弟的全力呵护，体现姐弟间的血缘之情、圣洁之爱，是一幅充满浓浓爱意与美感的经典大作，虽然是临摹作，实际上已超出原作，其中姐弟传神的表情，充满爱意，画面感动着每一个人。

2020.12.27

双流魅力今犹在

今天下午，有幸陪同著名作家、中国作家协会副主席、中国报告文学学会会长何建明老师参观双流区的黄水镇云华社区、黄甲街道、空港花田等地，在寒风中感受到双流的魅力，感受到双流的美丽，感受到双流的希望。

作为成都人，我们对双流是再熟悉不过了。前几年，双流曾经在产业聚集、美丽乡镇建设、航空港的发展方面在成都一路领先，有着明显的优势。但后来天府新区的建设划走了双流不少土地，更现代化的天府新机场的建设也使双流机场不再是唯一，同时在成都各区的快速发展中，双流的产业也不再像过去那样耀眼了，如今，双流到底还有没有优势？还有没有魅力？

在陪同建明副主席参观的过程中，我逐渐改变了这个想法，通过云华社区、黄甲街道、空港花田的参观，我感受到双流仍然保持着活力。

黄水镇云华社区给我们展现的是现代美丽乡村的全面建设，这里集历史、文明、现代、党建、富裕、绿色、多彩、宜游、宜居、长寿为一体，堪称现代农村与小镇建设的典范，四川省目前最长寿的 120 岁的朱郑氏老人就生活在云华九组。这

里将历史完整保留，三国时期，诸葛亮曾屯兵牧马山下，操兵习武，因此这里的山称之为牧马山，听镇上书记说，黄水镇不久将改名成牧马山镇。而在云水社区，现代元素则是更多，党旗飘展的村委会，共同受益的股权，多元化的发展，绿色环绕的田地，鲜花盛开的村庄，现代文明的居所，整洁宽敞的道路，络绎不绝的游客，都是云华社区给人的印象。

空港花田则充分利用毗邻双流空港的优势，在机场第二跑道旁的牧马山上，投资百亿巨资，建设空港花田。满山的花，满山的田，尽入眼帘，无比壮美，而每两三分钟一架飞机的起落，更成为又一观景点。傍晚时分，跑道上标志灯齐齐点亮，飞机降落时的情景蔚为壮观，人们争相观看这个独特景观，拍下飞机降落的瞬间。今天下午尽管寒风瑟瑟，天气多阴，又不是周末，但到空港花田的游客仍然不少。

黄甲街道的八角水寨，也是为避免村民受机场噪音干扰而进行集中安置的小区。步入八角水寨，新落成的八角水寨村落分外安静，安静中的八角水寨是美丽的，这里新建成的别墅型的一栋栋楼房错落有致、依山而立，街道清洁，是一个宜居的美丽小镇。我们在这里能够感受到村民们的幸福感，感受到搬迁前后生活的变化，充分显示了我们这个体制的优势。

然而，更让人感到有信心的是双流各级干部表现出的危机感、自信心、敢于担当与敢于开拓的精神，这种精神以前有，现在更加突出，有了这种精神，就没有办不到的事，有了这种精神，就能在任何情况下开创新的局面。

2021.1.5

都江堰

已经记不清楚是多少次来到都江堰了，但每一次来都对都江堰肃然起敬，每一次来对都江堰都有一种新的认识。

一、千古永传的庞大的水利工程体系

都江堰位于四川省成都市都江堰市城西，坐落在成都平原西部的岷江上，始建于秦昭王（约前 325—前 251）末年，是蜀郡太守李冰父子在前人鳖灵开凿的基础上组织修建的大型水利工程，由分水鱼嘴、飞沙堰、宝瓶口等部分组成，两千多年来一直发挥着防洪灌溉的作用，使成都平原成为水旱从人、沃野千里的“天府之国”，至今灌区已达30余县市、面积近千万亩，是全世界迄今为止，年代最久、唯一留存、仍在一直使用、以无坝引水为特征的宏大水利工程，凝聚着中国古代劳动人民勤劳、勇敢、智慧的结晶。

二、都江堰修建的历史背景

号称“天府之国”的成都平原，在都江堰开凿前是一个水旱灾害十分严重的地方。李白在《蜀道难》这篇著名的诗歌中“蚕丛及鱼凫，开国何茫然”“人或为鱼鳖”的感叹和惨状，就是那个时代的真实写照。这种状况是由岷江和成都平原恶劣的自然条件造成的。

岷江是长江上游的一大支流，流经的四川盆地西部是中国

多雨地区。发源于四川与甘肃交界的岷山南麓，分为东源和西源，东源出自弓杠岭，西源出自郎架岭。两源在松潘境内漳腊无坝汇合。向南流经四川省的松潘县、都江堰市、乐山市，在宜宾市汇入长江。岷江全长 793 公里，流域面积 133.5 平方公里，平均坡度 4.83%，年均总水量 150 亿立方米左右，全河落差 3560 米，水力资源 1300 多万千瓦。

岷江是长江上游水量最大的一条支流，都江堰以上为上游，以漂木、水力发电为主；都江堰市至乐山段为中游，流经成都平原地区，与沱江水系及众多人工河网一起组成都江堰灌区；乐山以下为下游，以航运为主。岷江有大小支流 90 余条，上游有黑水河、杂谷脑河；中游有都江堰灌区的黑石河、金马河、江安河、走马河、柏条河、蒲阳河等；下游有青衣江、大渡河、马边河、越溪河等。主要水源来自山势险峻的右岸，大的支流都是由右岸山间岭隙溢出，雨量主要集中在雨季，所以岷江之水涨落迅猛，水势湍急。

岷江出岷山山脉，从成都平原西侧向南流去，对整个成都平原来说是地道的地上悬江，而且悬得十分厉害。成都平原的整个地势从岷江出山口玉垒山，向东南倾斜，坡度很大，都江堰距成都 50 公里，而落差竟达 273 米。在古代，每当岷江洪水泛滥，成都平原就是一片汪洋；一遇旱灾，又是赤地千里，颗粒无收。岷江水患长期祸及西川，鲸吞良田，侵扰民生，成为古蜀国生存发展的一大障碍。

都江堰的创建，又有其特定的历史根源。战国时期，刀兵蜂起，战乱纷呈，饱受战乱之苦的人民，渴望中国尽快统一。适巧，经过商鞅变法改革的秦国一时名君贤相辈出，国势日盛。他们正确认识到巴、蜀在统一中国过程中特殊的战略地位，“得

蜀则得楚，楚亡则天下并矣”（秦相司马错语）。在这一历史大背景下，战国末期秦昭王委任知天文、识地理、隐居岷峨的李冰为蜀郡太守。李冰上任后，首先下决心根治岷江水患，发展川西农业，造福成都平原，为秦国统一中国创造经济基础。

都江堰位于岷江由山谷河道进入冲积平原的地方，它灌溉着灌县以东成都平原上的万顷农田。原来岷江上游流经地势陡峻的万山丛中，一到成都平原，水流速突然减慢，因而夹带的大量泥沙和岩石随即沉积下来，淤塞了河道。

每年雨季到来时，岷江和其他支流水势骤涨，往往泛滥成灾；雨水不足时，又会造成干旱。远在都江堰修成之前的二三百年，古蜀国杜宇王以开明为相，在岷江出山处开一条人工河流，分岷江水流入沱江，以除水害。

秦昭襄王五十一年（前 256 年），秦国蜀郡太守李冰和他的儿子，吸取前人的治水经验，率领当地人民，主持修建了著名的都江堰水利工程。都江堰的整体规划是将岷江水流分成两条，其中一条水流引入成都平原，这样既可以分洪减灾，又可以引水灌田、变害为利。

三、都江堰水利工程的组成

主体工程包括鱼嘴分水堤、飞沙堰溢洪道和宝瓶口进水口。

1. 宝瓶口的修建过程

首先，李冰父子邀集了许多有治水经验的农民，对地形和水情作了实地勘察，决心凿穿玉垒山引水。由于当时还未发明火药，李冰便以火烧石，使岩石爆裂，终于在玉垒山凿出了一个宽 20 米，高 40 米，长 80 米的山口。因其形状酷似瓶口，故取名“宝瓶口”，把开凿玉垒山分离的石堆叫“离堆”。

之所以要修宝瓶口，是因为只有打通玉垒山，使岷江水能

够畅通流向东边，才可以减少西边江水的流量，使西边的江水不再泛滥，同时也能解除东边地区的干旱，使滔滔江水流入旱区，灌溉那里的良田。这是治水患的关键环节，也是都江堰工程的第一步。

2. 分水鱼嘴

宝瓶口引水工程完成后，虽然起到了分流和灌溉的作用，但因江东地势较高，江水难以流入宝瓶口，为了使岷江水能够顺利东流且保持一定的流量，并充分发挥宝瓶口的分洪和灌溉作用，修建者李冰在开凿完宝瓶口以后，又决定在岷江中修筑分水堰，将江水分为两支：一支顺江而下，称为外江，另一支被迫流入宝瓶口，称为内江。由于分水堰前端的形状好像一条鱼的头部，所以被称为“鱼嘴”。枯水季节，内江水位低，约 60% 水流向内江，保证了农业与灌溉的需要；洪水来临，大部分江水（约 60%）从外江排出，这种自动分配内外水量，就是科学的“四六分水”。

3. 飞沙堰

为了进一步控制流入宝瓶口的水量，起到分洪和减灾的作用，防止灌溉区的水量忽大忽小、不能保持稳定的情况，李冰又在鱼嘴分水堤的尾部，靠着宝瓶口的地方，修建了分洪用的平水槽和“飞沙堰”溢洪道，以保证内江无灾害，溢洪道前修有弯道，江水形成环流，江水超过堰顶时洪水中夹带的泥石便流入到外江，这样便不会淤塞内江和宝瓶口水道，故取名“飞沙堰”。

四、风景如画的现代 5A 级风景区

都江堰是一个风景如画的现代风景区。都江堰是世界文化

遗产（2000年被联合国教科文组织列入“世界文化遗产”名录）、世界灌溉工程遗产、全国重点文物保护单位、国家级风景名胜区、国家5A级旅游区。都江堰风景区主要有伏龙观、二王庙、安澜索桥、玉垒关、离堆公园、玉垒山公园、玉女峰、灵岩寺、普照寺、翠月湖、都江堰水利工程等。

漫步在都江堰风景区，你似乎游走在青山绿水之间。放眼望去，满目青翠，青山依依，都江堰水清澈见底，一派迷人的自然风光景色。都江堰随处都是著名的历史景点，这些景点给我们倾诉着两千年来都江堰经历的风雨，讲述着先人们持续不断治水、与大自然作不懈抗争的励志故事，更是展现了现代景区的独特风貌。

漫步在都江堰景区，你似乎徜徉在科学的海洋里。两千多年前的一个无坝水利工程，开创了人类历史上水利工程最伟大的壮举，这个伟大的工程至今仍然在发挥作用，这是中国第一、世界没有的创举，成为全世界治水最成功的典范工程。分水鱼嘴、飞沙堰、宝瓶口这三大部分，组成一个完整的水利工程，看似简单的原理，却透出科学的神奇力量，这力量在两千多年的历史长河中一直发挥着惊人的力量，发挥着巨大的作用，同时也告诉着人们，科学的力量是神奇的，科学的力量是无敌的。

漫步在都江堰风景区，更多的是在思考这样一个问题，李冰父子为什么会成功，人们为什么在两千多年后对李冰父子的思念有增无减。千秋伟业，要筑梦伟大的理想，要有坚强的意志去实现，正是李冰父子抱着为蜀中父老治水的坚强信念，克服重重困难，在两千多年前生产力如此低下的情况下，创造出至今仍然在发挥作用的伟大奇迹，李冰父子的这种精神告诉我们，只要有伟大理想，只要坚持努力，我们没有实现不了的目标。

都江堰，你是成都平原的守护神。你浇灌这千里沃野——成都平原，使成都有天府之国的美称。而你两千多年来一直守护着成都，让成都免遭洪水之害，你是成都平原的守护神，你是巴蜀大地的守护神，你是成都人民心中的太阳。

都江堰，是水利明珠，这颗明珠在两千多年的历史长河中闪闪发光；都江堰，是科学的典范，用两千多年的成功，向人们展示出科学的力量；都江堰，是风景如画的景区，这里风光无限，这里景色独美；都江堰，是永远的丰碑，这个丰碑是中华民族的骄傲。

2021.3.5

青城天下幽

青城山为中国道教发源地之一，属道教名山。位于四川省成都市都江堰市西南，古称“丈人山”，东距成都市 68 公里，处于都江堰水利工程西南 10 公里处。

主峰老霄顶海拔 1600 米。在四川名山中与剑门之险、峨眉之秀、夔门之雄齐名，有“青城天下幽”之美誉。

青城山背靠千里岷江，俯瞰成都平原，景区面积 200 平方公里。古人记述中，青城山有“三十六峰”“八大洞”“七十二小洞”“一百八景”之说。青城山分前、后山。前山是青城山风景名胜区的主体部分，约15平方公里，景色优美，文物古迹众多；后山总面积100平方公里，水秀、林幽、山雄，高不可攀。

青城有天下幽的美誉，其所以称为天下幽，主要原因有以下一些：

其一，“幽”是由它的地形和植被特点构成的。一是封闭、半封闭的地形环境，四面诸峰环绕，状若城郭，其间如山谷、山间盆地；二是相应有高大乔木遮蔽形成寂静空间。松、楠、枫、柏等古木遮天蔽日，宫观亭阁掩映于浓荫翠盖之间，通幽小径穿行于丛林深谷之中，处处幽深，处处清静，是避暑的好地方。幽中藏奇，幽中见秀，故有“青城天下幽”之誉。

其二，“幽美”气氛还体现于青城山的人文景观：一是藏。

如建福宫，藏于“悬崖峭壁高百丈”的丈人峰下，周围五峰环列，古木葱茏，上连岩腹，下临清溪，幽然而居。二是雅。建筑取木石，格局简练，色调素雅，与自然融为一体。反映了巴蜀文化的高雅、洒脱、自然、质朴的风格。盘山道上的一系列风景建筑，颇受游人赞赏。道上每隔不远，便有小亭，隐约于树荫山岩间，在晴岚叠峰中，显得格外协调、雅致。三是静。这里土壤肥沃，植被繁茂，小气候宜人，是宜居宜游的佳境。这种幽境，给人以幽清、稳定、安全的心里感受，有着“世外桃源”的幽美感。

其三，是青城山多雨，雨中尤显幽静。青城山雨水多，天气变化大。我们到过青城山很多次，遇到下雨的次数很多，基本上每次去都遇到下雨。下雨时，游客少了很多，原本幽静的青城山，显得更加幽静了。

其四，道教圣地，安静之处。青城山是道教的圣地，道教与佛教有区别，“道修今世，佛修来生”，道可不还愿，但佛是一定要还愿的，这样佛教之地的人来往就要多一些，而道教之地的人就会少一些，这也使青城山要安静些。

青城山是历史名山，“青城山”原名为“清城山”，在唐代，佛教与道教在山上发生地盘之争，官司打到皇帝那里，唐玄宗信道判定“观还道家，寺依山外”，诏书将“清城”写成了“青城”，所以“清城山”从此改称“青城山”。无数诗人都在这里留下笔墨，其中唐代著名诗人李白（701—762），年轻时一心向道，曾在赵公山隐居学道五年，成为青城山历史上的一段佳话。王瑶在《李白》一书中说：“在 20 岁以前，他曾和一位隐士东严子共同隐在岷山，就是成都附近的青城山。”据统计，李白留下的诗歌中，就有 100 多首与道教有关。

2021.3.6

不负春光、不负韶华

在朋友圈看到夫人与朋友们去崇州凡朴农场游玩，我为凡朴农场美丽的田园风光而叫好，更为夫人与这些美丽的佳丽们在农场里留下的靓丽身影而折服，不得不写下这些有感而发的文字。

3 月 18 日，夫人和儿童医院的朋友筹划去崇州凡朴农场拍照，出发时是阴天，大家心里都打鼓，这样的天气怎么拍照？奇妙的是快到目的地时，天气渐渐变晴，真是天公作美呀，大家的心情一下就兴奋起来了！这次行程由成都儿童医院原书记郑琳筹划，由郑红主任联系安排，由卢亚陵、孙照华、牟阳、杨凤云、刘医生、叶医生、宇宇和夫人小平等 10 人组成。

经过一个多小时车程，到了崇州凡朴农场，农场安排摄影师肖琳全程为他们拍摄。从这些拍摄的照片看，凡朴农场具有以下一些特点。

一是典型的田园风光。自古以来，每个人心中都有一个田园梦，古代文人们更是把平淡的田园生活过成了一首唯美的诗。陶渊明以“狗吠深巷中，鸡鸣桑树颠”勾画出了乡村的原始、淳朴；孟浩然用“绿树村边合，青山郭外斜”为我们描绘了田园风光的美好。这些田园诗语言质朴清新，意境恬淡闲远，情感纯朴自然，我们在一字一句中看到那美丽的田园光景，依然能够体会到诗人所寄托的真挚情感。而凡朴农场则营造了这样的环境，蓝天、白云、草原、青草、绿水、农舍、马圈、马车、

鸡鸭满地、牛羊满山坡，一片景色优美的田园风光，让人亲近与热爱这块绿色田园，更深切地体会到诗人们的意境。

二是多姿欧美风情。凡朴农场不仅有田园风光，更有异国情调，有欧美风情。这些欧美风情，通过农场的建筑风格、绿色环境、多彩的服装等充分体现出来。环境与氛围是可以营造的，由于疫情，虽然我们现在不能出国，亲临欧美，体会欧美异国风情，但我们可以在凡朴农场感受欧美风情，别有一种滋味。

三是景色多彩多姿。王维诗“桃红复含宿雨，柳绿更带朝烟”，王维不仅仅描绘出意象的形态，还刻画出颜色。在这里，重要的不仅是农场美丽的景色，而是夫人与佳丽们的青春的倩

影、多彩的服装、翩翩的舞姿、多样的组合、对生活的热爱、对生命的执着，在美丽的景色中，放射出异样的光芒。他们选择了五种风格的服装，女士穿上了宫廷蓬蓬裙，男士穿上了西部牛仔服，仿佛置身于异国他乡，女人们还是很欣赏欧洲贵族小姐的贵族风范，蓬蓬裙一上身宫廷的雍华高贵范就油然而生，仿佛回到了20世纪初，品着红酒，荡着秋千，一种别样的生活状态；换上乡村气息的土布农家服，在浓浓的菜花香丛中徜徉陶醉，在农家门前的柿树旁千姿百态各显风采；俄罗斯田园风格服装，这与美丽的乡村景色很吻合，弹着吉他、拉着手风琴，载歌载舞一首俄罗斯歌曲《田野小河边》，疯狂到了极致！西部牛仔风格的服装我们有点抵触，认为这把年纪了有点把握不住。架不住热心的郑主任一再劝说，来都来了一定要体验，不要留遗憾，盛情难却，换上装感觉一下就找到了，忘记了年龄，灵活地爬上吉普车，感受了美国西部牛仔的狂野。同去的都是医生，穿了一辈子的白大褂，整天忙碌在工作中，很难这样放松，想拍一组在野外穿白大褂的工作照一直是她们的心愿，在风景如画的环境下留下美好的一刻，彰显出医务工作者救死扶伤的神圣伟大。

苏轼的诗："水光潋滟晴方好，山色空蒙雨亦奇。欲把西湖比西子，淡妆浓抹总相宜。"凡朴农场的美丽景色，佳丽们的风情万种，摄影师的绝技，使这些珍贵的照片成为我们的一种美好回忆，使大家对凡朴农场有一种发自内心的向往，凡桃俗李争芬芳，让我们一起跟随这些佳丽们的足迹，畅游美丽的凡朴农场吧！

2021.3.20

新年的第一缕阳光

新年的第一缕阳光，从海上冉冉升起，很快喷薄欲出，升上天空，光耀大地。这一缕阳光，把海面照得波光粼粼，反射出耀眼的光芒。这一缕阳光，特别火红，特别温暖，特别亲切。正在经历新冠肺炎大流行肆虐的人类，正处于严冬中的人们，多么盼望温暖的阳光，扫除阴霾，换来安康平安的新世界。

第一缕阳光，给我们带来新的希望。世界正在从混沌中走向有序，在绝望中看到希望。新的一年，必将是世界进入调整再出发的新时代，是全世界理性竞争、共同应对人类面临挑战的新时代，人类团结起来，一定能够战胜各种挑战。

第一缕阳光，给我们带来春的讯息。春回大地，大地复苏，万物蓬勃，江山美如画，祖国大地处处是春天，绿水青山，万山红遍，层林尽染，百舸争流，气象万千，一派春的景象。

第一缕阳光，吹响了进军的号角。新年已经来临，战斗已经打响，一场新的较量已经开始，你准备好了吗？硝烟弥漫，烽火连天，战斗正未有穷期，老谱将不断被袭用，唯有创新与果敢，才能赢得新的未来。

第一缕阳光，唤起我对过去的回忆。那是四年前丽江的早晨，也是新年第一缕阳光，我们曾经豪情满怀，发出新年的庄严誓言，四年来，我们一路急驶，一路狂奔，把四年前许下的诺言全部兑现，把美好的梦想变成现实，把幸福的宏图展现。

今天，我们从深圳再出发，再发出更加宏伟的誓言，在未来，打造全新的十一科技，让十一科技的伟大梦想变成现实。让十一科技的大旗更高地飘扬！

2021.1.1

第一缕阳光

第一缕阳光冉冉升起，
照遍大地，
照亮大鹏湾，
照亮美丽的沙滩，
这是新时代的曙光，
这是新一年的希望，
这是新一年的号角，
这是新一年的方向。

第一缕阳光喷薄欲出，
很快升上天空，
一切都在快速进行中，
新年的脚步声，
声声紧战鼓擂，
海阔凭鱼跃，
天高任鸟飞，
驰骋在万里海疆。

2021.1.1

东山寺

深圳的东山寺位于深圳的东山，离我们住的地方不远，因此我们在新年里首先到了东山寺。

深圳东山寺始建于明洪武二十七年（1394），距今已有六百多年的历史。东山寺，在深圳八景之首的所城东侧，北依龙头山，南面大鹏湾，风景幽雅绮丽。

明代岭南名士王德昌曾赋七律《大鹏东山寺》："不到东山二十秋，西风藜杖又重游。烟霞有约山如画，岁月无私人白头。檐下花飞深院静，菩提树荫古坛幽。丹梯欲上应长啸，遥望汪洋天际浮。"

东山寺，不仅有着600多年的历史，而且东山的十二景观很有名。清末民初文人曾作《东山寺十二景观》一诗中，提及了东山寺、大鹏所城（鹏城）、青草地、白莲池、茅廊（毛狼）、虎头山（老虎）、雁蛾岭（雁鹅）、蜈公岭、笔架山、龙头山、烽火台、文武庙等"大鹏十二景"。

东山寺，寺院建筑，庄严佛像。东山寺背山面海，道场庄严。分为四进，即以大山门、天王殿、大雄宝殿、藏经楼为中轴线，东西两侧为伽蓝殿、祖师殿、功德堂和福寿堂，并配以钟楼、僧舍、客房、堂客等。

东山寺，曾经是红色的干部摇篮。1944年，东江抗日军政学校创建于此，培养了大批革命干部。以后，古寺曾受到破坏，1992年重建，2004年，应当地政府有关部门及信众的邀请，广东韶关南华寺传正大和尚接管东山寺，并正式开放。

东山寺，未来发展可期。东山寺所在的大鹏旅游区正在打造5A级风景区，这对东山寺发展是一个很大机会，同时以深圳为中心之一粤港澳大湾区已全面启动，这又会促进东山寺的发展，东山寺独特的地理位置与悠久的历史，必将谱写新的发展篇章。

现在东山寺的主持传正大和尚有着非常不平凡的经历，他是东山寺东山再起的杰出贡献者。资料介绍："传正大和尚，俗名林培庵，号岩基，广东惠来人。1944年出生在一个世代

奉佛的家庭，1970 年只身来到南华寺，参拜六祖大师真身。1980 年，传正大和尚依止惟因大和尚座下，次年于福建雪峰崇圣寺受具足戒。1982 年，师于惟因和尚座下，承嗣洞云宗法脉，为五十一代传人。1990 年，惟因和尚圆寂后，师受众推举为南华禅寺代理住持，继恩师之遗愿，主持修复祖庭，并修建惟因和尚舍利塔，以垂范后昆。2004 年，大和尚应当地政府和村民以及当地信众的多次礼请，接管深圳市大鹏东山寺，并进行改造。2012 年 6 月 24 日，东山寺举行落成殿堂开光庆典。在两序大众礼请下，传正大和尚晋院升座，荣膺万丈。中国佛教协会为其祝贺：传续祖业，正护道场。”

通过朋友，我们在东山寺见到了传正大和尚的弟子、东山寺监院法广法师，他受传正大和尚的委任，从 2014 年起全权负责东山寺管理工作，并任深圳市佛协副会长，他应广西浦北的邀请，筹建五皇禅寺并从 2016 年起任五皇禅寺主持，现在奔忙于深圳与广西。与法广法师见面，是我们一行中最大的收获。法广法师亲切和蔼，平易近人，与他交谈，我们一点也不感到拘束。他了解了我们的情况后，给了我们美好的祝贺，我们带着他的美好祝贺，依依不舍地离开了东山寺，步伐坚定地迈向下一站，迈向美好的新年。

2021.1.1

大鹏所城

离开了东山寺，我们步行 10 多分钟就来到了大鹏所城，大鹏所城的一切给我们留下了非常深刻的印象，让我们大开眼界。深圳之所以称之为“鹏城”，我们也在这里找到了答案，原来这里是宝安龙岗的辖区，是深圳最早的发源地。

大鹏地区历史悠久，最早可追溯到距今六千多年前左右的新石器中期，已有先民生息繁洐于此。

大鹏所城，全称为“大鹏守御千户所城”，位于广东省深圳市大鹏新区鹏城社区，是明清两代中国海防的军事要塞，有

“沿海所城，大鹏为最”之称，是鸦片战争肇始地，深圳又别称“鹏城”，即源于此。

大鹏所城建于明洪武二十七年（1394），即海防卫所，已有 600 多年历史。卫所制度是明太祖朱元璋在创建明朝过程中创立的一种制度，特点是“军人世袭”“兵农合一”，即把世袭服役军士同屯田结合起来，“卫”“所”作为最基本的军事编制单位。

大鹏所城平面呈近梯形布局，占地约 10 万平方米，城墙高 6 米、长 1200 米，上设雉堞 654 个，并辟有马道。全城分东、

西、南、北四个城门（北门于明万历年间被堵塞）。自明清以来，大鹏所城一直担负着深港地区的海防安全，多次抵御和抗击了葡萄牙、倭寇和英国殖民主义者的入侵，是明清时期反抗外侮、捍卫主权的主要海防堡垒之一。

我们参观了内容丰富的大鹏所城海防博物馆，这里全面介绍了大鹏所城建制的历史沿革，介绍了当时曾经作为防务用的"海鹘""斗舰""走舸""艨艟"等战船，我们在这里了解到大鹏所城的历史发展沿革、海上防务等知识，看到前辈们当年是如何以十分弱小的实力，顽强守住这个海上要塞，保护着中华民族的疆土不受侵略，从而为今天的发展留下如此重要的家业，这不由得让我们对这些光荣的前辈表示深深的崇敬。

行走在大鹏所城古街，到处都是历史留下的遗迹，有石碑，

有遗址，有展馆，这一切都在向我们倾诉着这里曾经的沧桑，这里曾经展开的海战，这里曾经经历的屈辱。弱国无外交，在那个国力衰弱的年代，大鹏所城要面临倭寇与西方列强的侵略，特别是在明后期开始，随着航道的开辟，西方殖民者开始向东方进行扩张，最早的入侵者为葡萄牙，西班牙、荷兰、英国随后接踵而至，大鹏所城的战略位置就越来越重要。

在大鹏所城里，赖氏三代出五将的真实故事让人津津乐道。

当时有“宋有杨家将，清有赖家帮”的传说。赖氏五将中，最有名的是赖恩爵，他是林则徐的副将，成功地指挥了“九龙海战”。道光皇帝亲自为他题写“振威将军”，现在古镇上仍然非常完整地保留着“赖恩爵振威将军第”，供游人参观。而我们在古街进餐，就是在赖将军的传人所开的青瓦苑私房菜用餐，这里的将军宴非常有名，有许多未曾见过的特色菜，有着味道极其鲜美的海鲜，将军宴真是名不虚传。在友人的安排下，我们还与这位平易近人的赖将军的第五代传人亲切见面交谈，并留下合影。

新年里，在温暖的阳光照耀下，一切都显得那样充满生气、充满活力，一切都变得更加美好。新年里到大鹏所城，看展馆丰富知识，逛古镇其乐融融，品美味佳肴独具一格，尝海鲜味道鲜美，与家人同享天伦之乐，与友人共畅友谊之欢，度过了非常愉快而难忘的一天。

2021.1.1

沙鱼涌

新年里，我们来到了沙鱼涌，由于疫情防控的需要，沙鱼涌在新年没有全面开放，而是控制了游客的人数，同时要求提前预约，因此天气虽好但游客并不多，显得比较安静，可以比较从容地静心参观。

沙鱼涌是深圳市龙岗区葵涌街道办土洋社区下属的一个客家小渔村。

2014 年启动改造后的沙鱼涌村将重现民国时期海关、码头和客家民居、街巷的原貌，成为一处深圳东部融合客家古村文化、红色革命传统教育和滨海生态旅游的“世外桃源”。

沙鱼涌有三个特别之处，提升了沙鱼涌的历史价值与参观价值。

其一，沙鱼涌是深圳的第一商埠。沙鱼涌原先只是一座宁静的小渔村，是一个隐蔽的河海交汇处。明朝年间这里开始兴起，沙鱼涌口岸曾经是惠州、东莞、宝安三地最兴旺的港口，最繁华的商品集散地。当年被称为“小北京”，也是当初最负盛名的“丝绸之路”和“茶马商道”，融汇贯通的商贸中心。这里至今留下了不少当年商业繁荣的痕迹，如商铺、码头等。

其二，这里是中国共产党领导下华南两大抗日主力东江纵队（另一大主力为琼崖游击队）司令部的成立之地与 1946 年东江纵队乘船北撤之地。1943 年东江纵队正式成立，曾生任司令员（中华人民共和国成立后任交通部部长），司令部设在沙鱼涌。我们在沙鱼涌参观时，可以看到司令部设在沙鱼涌时的一些机构与遗址，当年曾经用过的武器，感受到历史的沧桑感，让我们对这片神圣的土地多了一份尊敬。而东江纵队在这里北撤去烟台，更是一个大的行动。为了避免内战，力争国内和平，根据国共两党重庆谈判达成的《双十协定》，华南人民抗日武装东江纵队及各江纵队坚决执行中共中央部署，集结了 2583 名北撤人员（包括地方党政干部和家属小孩），在以东江纵队司令员曾生为书记的军政委员会的带领下，于 1946 年 6 月 30 日，在大鹏湾——沙鱼涌乘船，北撤到烟台（山东解放区），5 天后到达烟台，受到烟台上万名军民的夹道欢迎。北撤部队后扩编为两江纵队，以后编入三野，为中国人民解放战争做出了新的重大贡献。为了永久地纪念北撤，宝安县人民政府于 1985 年 9 月在沙鱼涌海滩立碑，由当年的曾生司令员

亲笔题字：

一九四六年六月三卜口

人民抗日游击队东江纵队及各江武装部队

为了坚持国内和平

从此登船北撤山东

曾生题

宝安县人民政府

一九八五年九月

现在这个巨大的石碑已成为沙鱼涌海滩的一个亮丽景观与醒目标志，成为红色教育的一个好场所。

其三，是中国文化名人香港大营救的主要活动地之一。1941 年 12 月 8 日，香港被日本占领，香港沦陷。12 月 8 日，在延安的毛泽东亲自给周恩来和廖承志、潘汉年发去电报，指示他们立即组织香港文化人、地下党员和交通情报人员向南洋和东江撤退。1942年1月5日，在周恩来的亲自指挥、中共地下党的组织下与广东省人民抗日游击总队（东江纵队前身）掩护下，大规模的撤离行动正式开始，一部分人走水路，另一部分人走陆路。之前，曾生领导的广东人民抗日游击总队（东江纵队的前身）开辟了东西两条从宝安根据地到九龙山的交通线，成为陆路的主要通道。东线从九龙山到西贡，经大鹏湾到沙鱼涌；西线从九龙青山道经九华径到荃湾，经大帽山进入元朗十八乡。后来从陆路撤退时走的路线基本就是这两条路线。

在100多天的时间里，800多名爱国民主人士、进步文化人士、中共地下党员及其家属，得以撤离香港，无一被捕，无一牺牲，全部脱险，堪称奇迹。这批人士包括：宋庆龄、何香凝、柳亚子、邹韬奋、茅盾、夏衍、孙志远、章伯钧、胡泽民、张有渔、胡绳、范长江、刘清扬、梁漱溟、千家驹、胡风、金山、蔡楚生、王莹、司徒惠敏、端木蕻良、沙千里、廖沫沙、黎澍、叶以群、高士其、袁水拍、于伶、叶浅予、丁聪、羊枣、戈宝权、萨空了、胡蝶、恽逸群、陈曼云等。

沙鱼涌的红色记忆——东江纵队纪念馆生动而翔实地展出了这次活动的相关资料，有很好的历史价值。

东江纵队在曾生司令员的带领下，为广东与全国的革命战争做出了很大贡献，其中作为本土出生的袁庚同志是宝安大鹏湾人，他是东江纵队骁勇善战的指挥员，曾在东江纵队并去第三野战军后任炮兵团团长，他作为深圳蛇口工业管理委员会主任、改革的先行者，为深圳与中国改革事业做出了杰出贡献，袁庚是百年招商局二次辉煌与平安保险的创始人，2003年他被香港特别行政区授予金紫荆勋章，2018年12月18日，党

中央、国务院授予袁庚同志为改革先锋称号，2019年9月25日，袁庚获“最美奋斗者”称号。作为一名战士，他热爱这块土地，为革命战争的胜利做出了贡献；作为一名改革的先行先试者，以大胆的改革为中国改革探路，取得了光辉的成就。

走进沙鱼涌，如同走进过去的历史，当年曾经的商埠繁荣与港口的忙碌，似乎就在我们的眼前，不同的是如今深圳与粤港澳大湾区已成为中国经济的引擎，成为世界经济的典范。

走进沙鱼涌，如同走进红色的历史，这里的红色记忆——东江纵队纪念馆、东江纵队司令部的遗址、中国文化名人大营救的活动、离开沙鱼涌北撤烟台的纪念碑、纪念亭等，都让我们勾起红色回忆。

走进沙鱼涌，如同在蓝色的海洋里遨游。沙鱼涌海滩在灿烂阳光照耀下，熠熠生辉，蓝天白云，蓝色的海湾，细软的沙滩，是观光旅游的极好之地。

2021.1.2

甘坑客家小镇

新年的第二天，我们来到位于深圳龙岗的甘坑客家小镇，甘坑客家小镇源于明清时期，至今已有 300 多年的历史，是深圳十大客家特色小镇之一。我们在这里，深切感受小镇的繁荣景象，尤其是增加了对客家人与客家文化的理解。

客家人的祖先源自中原，是从中原迁徙到南方，是汉族在我国南方的一个分支。客家文化一方面保留了中原文化主流特征，另一方面又容纳了所在民族的文化精华。客家人行走天下，聚集而居，艰苦创业，繁衍后代，移民世界，且在海外商界不乏成功者，因此有“东方犹太人”之称。

耕读传家是客家文化的特点，客家文化的基本特质是儒家文化；移民文化也是客家文化的重要特质，客家人的祖先崇拜、重教观念、寻根意识、开拓精神，以及奇特而丰富多彩的民俗风情等，在很大程度上是这三种文化特质的外化；不同支系的客家人，在文化特征上也有所不同。

客家人遍布中国的广东、福建、江西（特别是赣州）、广西、四川、台湾等省份，甚至远及印度尼西亚、马来西亚、老挝、柬埔寨、加拿大、美国、日本、澳大利亚、新加坡、泰国等地，分布广泛，影响深远。至 2017 年，经中华人民共和国文化部批准设立的国家级客家文化生态保护实验区已有三个。

甘坑客家小镇有以下一些特色：

一是优美的自然风光。这里依山傍水，有着优美的山地自然风光。建筑依山而立，公园靠水而建，绿草如茵，绿树成荫，流水潺潺，一派美丽的自然风光。

二是浓郁的客家文化。这里庭院楼阁，寺塔高耸，绿色环绕，商铺林立，琳琅满目，人群熙攘，一片繁荣景象，一点也没有疫情的感觉。这里既有江南小镇的味道，也有客家文化特有的儒商感觉；这里既有人山人海般的热闹场景，又有那些充满古香古色的客家民居的安静；这里既有现代的建筑，又有厚重历史感的客家古建筑，现代建筑与古建筑相辉映，甘坑小镇别具特色。

三是各色丰富的小吃。各色甜品、油炸品、面食类、当地特产等，非常丰富。有甜的，有咸的，有辣的，有麻的，有海鲜的，有肉类的，有热的，有温的，有凉的，有冰的，应有尽有。熙攘的人群，把这些小摊围个水泄不通，我们很难靠近。我们在相对人少的一家酿酒门店里停下来，听店主介绍客家米酒的做法，品尝了米酒，很好喝，最后我们买了两斤带走。

四是欢乐的气氛。新年，充满着喜庆！新年，充满着欢乐！今年的新年，温暖的阳光驱散了严寒，给大地带来暖阳，新年里深圳的天气格外晴朗，而甘坑客家小镇更是游客如云，人们在这里忘记了疫情，忘记了寒冷，有的是欢乐的心情，看到的是幸福的微笑，我们的情绪也深受感染，与大家一起，涌入这个欢乐的大潮之中。

2021.1.2

阳光洒满新年路

今年，我们全家在深圳过新年，庆祝元旦，迎接新一年的到来。

新年，深圳突遇寒流，我们带了御寒的大衣，准备应对深圳的这股寒流。然而，深圳的寒流天气的预测，更多的是传说，并没有真正到来，我们在深圳期间一直是阳光照耀，天气非常温暖，一点也不寒冷，蓝蓝的天空碧空如净，净得连一朵白云也没有。

三天的时间里，我们感受到的是蓝天深圳。我们从漫步大鹏湾到驱艇在蔚蓝的海湾驰骋，从大鹏所城到沙鱼涌，从熙攘的甘坑客家小镇到繁荣的深圳福田金融区，从阳光照耀下的海滩到夜色迷人的香蜜湖，一路走来，都是蓝天当空，绿色环绕，阳光灿烂，我们在温暖的阳光下度过了快乐的新年。

三天的时间里，我们感受的现代深圳，其实有着古老的历史。深圳，过去在我们的印象中一直是新生城市，然而通过我们这次的新年游，我们已经改变了这个看法。无论是从大鹏所城留下的历史陈迹，还是从沙鱼涌保存的红色印记，无论是从远古，还是在近代，深圳一直都存在，先辈们在这块土地上一直奋斗着，他们前赴后继，用生命保卫这片神圣的疆土。在迎来深圳更大发展的时刻，我们不能忘记这些光荣的先辈的付出，要更加珍惜深圳的今天，珍惜我们的一切。

三天的时间里，再次感受深圳活力。闹海里涌现的是 20 年前的难忘回忆，重大项目让我们与你结缘，那时我们初长成，一切都面临考验，我们在深圳度过了非常岁月，成为我们成长中的关键一步，我们在这里出发，我们在这里起步，如今我们已经强大，我们再回来，将与你一起建设粤港澳大湾区，让你

变得更强，变得更美。

三天的时间里，我们享受天伦之乐。平时天各一方的亲人，齐聚在美丽的大鹏湾，徜徉在蓝色的海洋里，在优美的大自然环境中，享受着亲人相聚的欢乐，孙辈们活泼、健康、快乐而幸福，成为我们最大的心愿；久别重逢的朋友们相见，是别一番快乐心情，畅谈家事国事天下事，事事顺心；新朋友初识，相见恨晚，也有着谈不完的话题。

就这样，我们在深圳度过了快乐的新年；就这样，我们在深圳快乐地旅行；就这样，我们在深圳开启新年的征程；就这样，我们在深圳吹响再出发的号角。

2021.1.3

五缘湾

这次东南区 2021 年第一次会议安排在厦门希尔顿逸林酒店，在厦门市湖里区五缘湾木浦路 105 号，这儿离机场很近，也在五缘湾的旁边。我们下午报到后，离晚上吃饭还有很长时间，在当地朋友们的建议下，我们就散步去五缘湾。

今天，天气很晴朗，海面很平静，由于疫情原因，游人很少，我们从宾馆出发，只走了 10 多分钟，就到了五缘湾。

五缘湾，位于福建省厦门市湖里区（厦门岛）北部，在高崎国际机场和翔安海底隧道之间。五缘湾商务营运中心是厦门三大营运中心之一，湾区内有源古博物馆、生态酒店、湿地公

园、帆船俱乐部、音乐岛等。

五缘湾是厦门岛上唯一一块集水景、温泉、植被、湿地、海湾等多种自然资源于一身的风水宝地，还有大量的畲族文化等人文景观。

五缘湾，其中五缘有着独特的含义。对五缘的解释，在厦门有着特殊的意义，最早由时任福建省委书记卢展工提出。“五缘”即地缘相近、血缘相亲、文缘相承、商缘相连、法缘相循。也就是地缘、血缘、文缘、商缘与法缘。

在五缘湾，帆船是其独特的风景。这儿是厦门帆船俱乐部的所在地。安静的避风港，是帆船最好的集中地，从这里出发，

千帆竞发，便构成壮美的奇观。在富裕起来的中国海滨城市，拥有帆船已渐成为一种潮流、时髦与趋势，成为有钱人身份的象征。听朋友介绍，帆船的价格并不贵，一般帆船与汽车差不多，主要是利用率不如汽车高。

五缘湾，横卧蓝海碧波的五缘湾大桥是其独特的标志。在灿烂的阳光下，五缘湾大桥格外引人注目，大桥因其独特的拱形结构独树一帜，成为一道亮丽的景观。

五缘湾，在阳光下漫步是一种特别的享受。今天厦门的天气格外晴朗，天高云淡，气温适宜，海风轻拂，举目望去，平静的海面上帆船点点，心情格外轻松愉快。从还有些寒冷的上海来到厦门，感受到这里是最温暖的天地。

2021.1.24

怀远楼

闽西南的土楼，闻名遐迩，心里神往已久，一直想去看看。闽西南千姿百态的土楼如同繁星般密集。据不完全统计，永定县有 2 万多座土楼，南靖县有 1.5 万多座土楼，平和、华安、漳浦、诏安、云霄等地也有数百座。土楼的居民主要是从中原迁徙过来的客家人或客家人的后裔。这次在厦门开会，终于下了决心，要抽时间去看南靖的土楼。

从厦门驱车两个多小时，来到福建南靖县土楼旅游中心，到了这里面临两个不同方向的选择，一个选择是到南靖县的书洋镇，看田螺坑的土楼群，这是一个四圆形的土楼，俗称“四菜一汤”，是土楼中最漂亮的组合；另一个选择是到南靖县梅林镇坎下村的怀远楼，这是目前保存最好的土楼，由于怀远楼在云水谣景区内，而云水谣有很多其他内容丰富的景观，在时间有限，只能两选一的情况下，根据导游的意见，我们就去了怀远楼，而田螺坑土楼群只有等下次有机会再去了。

怀远楼，位于南靖县梅林镇坎下村，离县城54公里，建于清宣统元年（1909），为简氏十六世简新喜所建，坐北朝南。怀远楼为双环圆土楼，外环土楼为土木结构，内通廊式，楼高4层（13.5米），楼内直径33米，每层34个房间。墙基用硕大鹅卵石和三合土垒筑而成，高3米多，厚1.2米。楼墙虽然只是普通夯土墙，但是夯筑技术炉火纯青，历经近百年的风雨侵袭，至今一片光滑，几乎没有剥落。

怀远楼这座双环圆楼，大环和其他的大楼一样为住宅。内环天井中央的“斯是室”为怀远楼特有的学堂，是怀远楼最引人注目的地方，也是简氏子孙读书的地方，这里既是祖堂又是私塾，正面对着大门。正堂两端屋架斗拱上雕刻着书卷，这里有两对镏金对联：“月过花移影，弄声风来竹。”“琴书千古意，晓春花木心。”门柱、墙壁上还有多处勉学劝善的对联：“书为天下英雄业，善是人间富贵根”“天下良谋读与耕，世间善事忠与孝”等，书门氛围很浓。

土楼，是建筑奇观。这么大的建筑，没有特殊的基础，也没有特别的柱子，只是用鹅卵石作为基础，用三合土作为夯土

墙，在经历百年风雨后，不仅仍然巍然屹立而不倒，而且完好如新，这是世界建筑史上的奇迹，作为第六批全国重点文物保护单位与世界文化遗产是受之无愧的。

土楼，是一道风景线。土楼独特的结构，别具一格的造型，精湛的营造工艺，缜密的设计，使土楼成为一道独特的风景线。土楼，在灿烂阳光的照耀下，熠熠生辉，成为一个独特的景观。

土楼，是历史的见证。虽然现代人对居住在土楼已经感到很不方便，土楼更多具有象征意义，但作为当年客家人的住宅，作为历史发展过程的一个见证，土楼具有历史研究的价值，此外也有建筑与力学的研究价值。

土楼，是旅游观光的好去处。土楼，带动了旅游业的发展，也带动了周边的旅游。人们在旅游的过程中了解土楼的建筑风貌，了解客家人艰苦奋斗的历史，了解客家的风情，对于扩大人们的视野，开阔人们的眼界，丰富人们的旅游生活，很有益处。

2021.1.26

云水谣

“南靖云水谣”原名长教，位于福建省漳州市南靖县境内，属于世界文化遗产“福建土楼”的一个景区，国家5A级风景区。那里山川秀美、人文丰富。村中幽长古道、百年老榕、神奇土楼，还有那灵山碧水，无不给人以超然的感觉。

2005年底，第十届全国政协副主席、台盟中央主席张克辉以自己和几位台胞的生活阅历为原型创作的电影文学剧本《寻找》改编的电影《云水谣》，曾经在此拍摄取景。

《云水谣》是一部根据作家张克辉创作的电影文学剧本《寻找》改编而成的爱情片。由尹力执导，刘恒担任编剧，陈坤、徐若瑄、李冰冰主演，中影集团、台湾龙祥公司以及香港英皇公司联合投资 3000 万元，横跨西藏、福建、辽宁、上海等 5 地拍摄而成。

影片讲述了一段跨越海峡、历经 60 年大时代动荡背景下，至死不渝的坚贞爱情。本片于 2006 年 11 月 26 日上映。2018 年 8 月 18 日，被评为改革开放 40 周年中国十大优秀爱情电影。

在福建土楼“申遗”成功后，为借《云水谣》之名树立品牌，将《云水谣》这部优秀作品的人文意蕴和道德情感充分展现在这条闽西南古栈道上，让游客在观赏奇楼美景，领略古道悠悠、碧水清清的同时，感受闽台交流的深远渊源，当地政府将村中这条长 10 余公里，全部用鹅卵石铺成的古道正式命名为“云水谣古栈道”，将长教命名为“云水谣”古镇。

云水谣，是人们神往的地方，这里有动人的故事传说。陈秋水与王碧云之间动人的爱情故事，深深打动了海峡两岸人们的心灵，成为爱情故事的经典。这是影片《云水谣》的拍摄地，成为人们来此必到之地，而陈坤等演员当年来此拍摄的居住地，也成为吸引人们参观的景点。

云水谣，是一个美丽的古镇，借力电影而更加闻名。依山

傍水的自然风光，如同桂林山水般的美丽；清澈的溪水，静静地流淌着；栈桥把河两岸相连，构成一道亮丽的风景；600多年树龄的榕树相依相偎，向人们诉说这里曾经经历的沧桑；这里绿色环绕，百花盛开，生机勃勃，生机盎然；繁荣的商铺沿街排开，吸引着人们争相购物；人们沿着鹅卵石铺就的石子路，漫步在河边，欣赏这河两岸美丽风景；100多家独具特色的民宿，成为人们来这里感受云水谣独特魅力的停歇之处，也是人们写生、摄影与写作的好去处。夜晚的云水谣，更是人们向往的地方，灯光下，云水谣宛如山间闹市，犹如夜间明珠，是休闲与欢乐的天堂。

云水谣，有土楼做伴，以红色为荣。古镇，连着两个世界文化遗产怀远楼与和贵楼，这两个楼都是国家重点文物保护单位，是云水谣古镇的重要组成部分，这为云水谣景色增添夺目

的光彩。景区除了怀远楼与和贵楼外，还有一个在 1831 年建的翠美楼，这个土楼很有特色，只是由于改建太多，已失原来的风貌，因此痛失进入世界文化遗产目录的机会。我们经过时，也在主人的陪同下进去参观了，这里实行住家轮流接待管理。而云水谣的红色基因，则是云水谣的又一特点。云水谣，原名坎下村，这里曾经是革命老区村，这里的先辈们为中国革命的胜利做出过重要贡献，这里的美丽山水用红色铸就，红色为美丽的云水谣注入特殊的光耀。

云水谣，承载着我们心中的梦想。台海合作，台海和谐，海峡两岸是一家人，闽台亲，闽台一家亲，都是我们共同的心声。这心声，过去挡不住；这歌声，今朝更动听。

2021.1.26

和贵楼

和贵楼，也在云水谣景区内，离怀远楼不远。和贵楼建于清雍正十年（1732），是由简次屏公建造的。和贵楼是南靖土楼中最高的土楼，这座土楼建在沼泽地上，用200多根松木打桩、铺垫，地基坚固稳定。楼正中开了一个大门，有副楹联：“和地献奇山川人物星斗画，贵宗垂训衣冠礼乐圣贤书。”这副楹联说明了和贵楼的名字来源、楼的特点与建楼的宗旨。

作为国家重点文物保护单位与世界历史文化遗产一部分的和贵楼，有三个很不一样的奇特之处。

第一个奇特之处：和贵楼高 5 层，21 米，是福建土楼中最高的。

第二个奇特之处：和贵楼建在沼泽地上。每层有 28 个房间，共有 140 个房间。当初选址建楼，开始并没有发现是块沼泽地。楼建了一层，忽然整层楼像沉船一样，慢慢下沉到烂地里。后来叫简氏族人在下沉的楼墙上打了 100 多立方米的松树排桩，松树具有油性，耐湿、耐寒，在沼泽地中几百年都不变，因此用松树作桩，不会腐烂。200 多年来，和贵楼固若金汤，风雨不动安如山。我们在参观时，正在播放中央电视台录制的专题节目，演示在楼中学堂的小天井用铁线往地里插，一口气可以插进 5 米多深，拔出来则可见铁线上有淤泥的痕迹，说明下面是沼泽地。而我们亲临其境，亲身感受到这个神奇现象——土楼建在沼泽地上，200 多年风雨不倒。

和贵楼第三个奇特之处：在楼中有两口水井，相距 18 米，井水水位均高出地面。左边那口井，清亮如镜，水质甜美。而右边那口井却混浊发黄，污秽不堪，无法饮用。听导游说，比较多的说法是风水所致，但造成这两口井如此大差别的真正原因，至今还没有科学有力的证据，人们还在进行各种推断。

正是这些奇特之处，说明了和贵楼的历史价值、文化价值、艺术价值、技术价值，也成了吸引游客前往的重要原因。

或许，对这些奇特之处，我们永远都无法给出确切的解释，但是这些奇特现象却是客观的存在，而且在历经 200 多年的风雨后，和贵楼巍然屹立，奇特现象依然存在，这让人深感惊奇。

2021.1.26

在福建品茶

到了福建，或到了广东，喝茶就成了品茶，喝茶不仅是解渴，而且有了另外一种功能——休闲、修身、品尝、接待、社交等。

福建是我国茶叶的主产地之一，有茉莉花茶、安溪乌龙茶（安溪铁观音）、武夷岩茶（大红袍）、永春佛手、水仙茶、福建白茶、福建绿茶等。福建雨量丰富，气候条件优越。除了适宜人类居住外，还很适合茶树的生长，所以当地的茶资源也是很丰富的。这次在福建短暂停留的两天时间里，有两次比较正式的喝茶。

第一次是 1 月 24 日下午，在五缘湾。我们刚到厦门，在入住厦门希尔顿逸林酒店后，就来到旁边的五缘湾，稍事观光后，就在五缘湾的华祥茶庄品茶。这里不仅有福建的名茶，还有全国各地的名茶，如云南勐海的普洱、云南滇红的滇红茶、河南信阳的绿茶、浙江的龙井茶、福鼎的白茶等，这里就是一个茶叶汇。更令人称奇的是在这里，泡茶师用了一个智能壶——大师壶泡茶，用 App（又称茶密）控制，不同的茶叶，泡的时间不同，借助于这个智能杯，你可以喝到最佳的茶水，这真是

让人大开眼界。

第二次是 1 月 26 日下午，在云水谣的“安记土特产”里品茶。这里的女主人叫简亚家，是我们导游的嫂子，本地人。这里的茶叶很多，如金骏眉、红袍茶、高山茶等，女主人以娴熟的泡茶技术，让我们大开眼界，既品尝了这些不同茶的味道，同时还感受到了茶文化的魅力，让人印象深刻。临别时，我们大家都购买了一些茶叶，回到家里好好品尝，同时也是对主人热情接待的一种回报。

而在福建的旅行途中，厦门分院的雪娟就是茶道好手，每次休息时，都要给我们露一手，使我们的旅途一直在茶文化的温馨中进行。

2021.1.26

韩文公祠

我们于昨晚从福建南靖乘车两个多小时，到达潮州市，我们入住潮州宾馆，由于疫情的原因，宾馆里入住的客人很少。

这是我们第一次踏上潮州这片土地。潮州市地处祖国南疆，是广东省的东大门。潮州有着悠久的历史，古文化遗址表明，早在 6000 多年前，潮州的先民就开始聚集在这片古老的土地上。秦始皇统一六国后，进而统一岭南。秦始皇三十三年（前

214）在岭南置南海郡、桂林郡以及象郡三郡，当时的潮州属南海郡。后随着朝代的更迭而不断演变。

历史上的潮州管辖范围大，地域广阔。古潮州郡治涵盖了现今的潮州、汕头、揭阳三市区以及潮安、饶平、澄海、南澳、潮阳、惠来、普宁、揭西、揭东等九县，还曾延伸至丰顺、大埔、蕉岭县等。今潮州市管辖潮安县、饶平县、湘桥区和枫溪区。

今天一早，我们首先来到位于韩江旁的韩文公祠。我国唐代杰出的文学家、思想家、教育家韩愈（768—824），在唐宪宗元和十四年（819）因谏迎佛骨，被贬为潮州刺史。他治潮八月，驱鳄释奴，劝农兴学，在潮州文化发展史上享有崇高的声誉，为民众歌颂缅怀。

远贬潮州，是韩愈一生中最大的政治挫折。仕途的蹭蹬，家庭的不幸，因孤忠而获罪的锥心之恨，因丧女（十二岁的幼

女惨死贬途）而愧疚交加的切肤之痛……一齐降临到他身上。他沉浮于险象四伏的宦海中，挣扎在苦难命运的旋涡里。韩愈就是在这样的背景下，开始在潮州短暂的不到八个月的潮州刺史的任期，在任内他为潮洲人切切实实办了一系列好事，赢得了潮州人的世代敬仰。

为了纪念韩愈在潮州的不朽业绩，人们在潮州建立韩文公祠。韩文公祠始建于北宋咸平二年（999），初置金山麓郡治前夫子庙正室东厢。元祐五年（1090）知州王滌徙至州南七里，苏轼为撰碑记："文起八代之衰，道济天下之溺，忠犯人主之怒，而勇夺三军之帅。岂非参天地，关盛衰，浩然而独存者乎！"（《潮州昌黎伯韩文公庙碑》）南宋淳熙十六年（1189）知州丁允元复迁至韩山今址。祠于1984年重修，现为全国重点文物保护单位。

参观韩文公祠，感想很多。

一是韩愈在被贬潮州、幼女途中病逝的极端情况下，仍然以坚强的意志，全力去履职，让人深深感动。政治失意是个打击，痛失幼女是更大打击，远涉千里一路凶险是大考验，年老病多，到一切都陌生的落后之地等，这些对韩愈都是极其严峻的考验。

二是韩愈在短短八个月内，取得如此突出业绩，实属不易。韩愈在潮州短短的八个月内，在驱鳄除害、关心农桑、赎放奴婢、延师兴学方面做出了杰出贡献。八个月的任期，是如此短暂，大多数人会无所作为，而韩愈当时属高龄了，身体又不好，要想成就一番大业谈何容易，但韩愈做到了，凭这点就值得我们后代人永远景仰，值得潮州人永远纪念。

三是韩文公祠现在有很高的价值。这是韩愈最完整的纪念

馆，40 多幅匾牌，是历代名人所写，具有很高的历史价值与文化价值。人们是怀着对一代宗师的敬仰而来，留下的墨宝，也成为祠中宝贵的文物。现在韩文公祠已成为国家重点文物保护单位，这里也成为一个很好的教育基地。

四是韩文公祠的位置选得很好。韩文公祠依山傍水，绿树青翠，风景优美，居高临下，视野开阔，潮州美景尽收眼底，是个自然风景的胜地。来韩文公祠，不仅接受文化与历史的洗礼，同时还是一次极好的自然风景的游览，两者兼而得之。同时由于祠在山上，不会影响到城市的发展，可以长期不动，具有稳定性。这个祠址（韩山，又称笔架山）是南宋知州丁允元选定的，人们为了纪念他，在韩文公祠里特意建了允元亭。

韩愈杰出的奋斗精神更是我们的榜样，是一面永远闪耀的明镜。

2021.1.27

广济桥

从韩文公祠出来，我们来到了闻名遐迩的广济桥。我们到达广济桥时，大桥正在局部维修，不能全部通行，但并不影响我们在桥上参观与乘船游走。

广济桥，位于潮州市古城东门外，横跨韩江，连接东西两岸，集梁桥、浮桥、拱桥于一体，为古代广东通向闽浙交通要津，是潮州八景之一，是中国四大古桥之一（中国的四大古桥分别是广东潮州的广济桥、河北赵县的赵州桥、北京的卢沟桥和福建泉州的洛阳桥），是第三批全国重点文物保护单位。

由于广济桥特有的梁桥、浮桥、拱桥的三大功能，被桥梁专家茅以升誉为“世界上最早的启闭式桥梁”。

广济桥始建于南宋乾道七年（1171），明嘉靖九年（1530）形成“十八梭船廿四洲”的格局。1958 年进行加固维修，并拆除了十八梭船，改建为三孔钢架及两处高桩承台式桥梁；2003 年 10 月开始进行全面维修，总体按明代风格为修复依据，功能定位为旅游观光步行桥，2007 年竣工。

广济桥为浮梁结合结构，由东西二段石梁桥和中间一段浮桥组合而成，梁桥由桥墩、石梁和桥亭三部分组成。广济桥全长 518 米，东边梁桥长 283.35 米，有桥墩 12 个和桥台一座，桥孔 12 个；西边梁桥长 137.3 米，有桥墩 8 个，桥孔 7 个，

石梁宽 5 米。中间浮桥长 97.3 米，由 18 只木船连接而成。

冬日里，在灿烂的阳光下，走上广济桥，我们感叹在历经 1000 多年的风雨后，在历代贤人精心的保护下，广济桥还是那样雄伟，还是那样美丽，还是那样风光无限，成为中华民族的光荣与骄傲。

冬日里，在温暖的阳光下，走上广济桥，我们感叹当年智慧的先人，是如何在几百米宽的韩江上成功架桥，用这样的方法，在当时技术还无法达到现在的高度的情况下，以特有的三大功能，架设广济桥，实现两岸安全通行、韩江安全通行的目标，完成了当时世界桥梁史上从未有过的创举。

冬日里，在明媚的阳光下，走上广济桥，仿佛走进一个建筑艺术的大观园。这里梁舟结合，联阁重瓴，宛如长龙嬉水，复道行空，其独特之风姿与高雅之造型艺术，令人叹为观止。

冬日里，在和煦的阳光下，走上广济桥，仿佛走进了一个历史文化长廊。琳琅满目的楹联亭匾，更让人恍若置身于诗文

书法艺术长廊中。而在廊桥上展出的潮州刺绣、潮州木刻、潮州陶瓷、潮州朱泥壶等，更是丰富了长廊的参观内容。

冬日里，在美好的阳光下，走上广济桥，仿佛走进一个优美的风景区。韩江两岸秀丽的风景，尽在眼前，轻风吹来，阵阵清爽。轻风吹散了历史的迷雾，吹出了光明的前程。

冬日里，在希望的阳光下，走上广济桥，仿佛看到总书记2020年10月视察广济桥的情景，我们沿着总书记的足迹，按照总书记参观的路线，穿越广济桥，走到希望的彼岸。

我们在潮州听到有两句流传已久的民谣："到广不到潮，枉费走一遭；到潮不到桥，白白走一场。"我们在潮州短暂的停留期间，能在广济桥畅游，说明我们没有白来潮州一趟。

2021.1.27

开元寺

从广济桥出来，我们就来到了位于开元路的潮州开元寺，由于疫情原因以及开元寺的大门在维修,开元寺里的游客不多，而且只能从旁门进入。

开元寺的前身为荔峰寺，始建于唐垂拱二年（686），开元二十六年（738）更名为开元寺，元代改为开元万寿禅寺，明代称开元镇国禅寺，又称镇国开元禅寺，加额万寿宫，俗称

开元寺，一直沿用至今。开元寺是粤东地区第一古刹，有“百万人家福地，三千世界丛林”之美誉。2001 年 6 月 25 日，开元寺被列入第五批全国重点文物保护单位。

在短暂的参观时间里，开元寺在以下一些方面给我们留下了深刻的印象。

一是开元寺千年以上的悠久历史。作为千年古刹，开元寺至今已有 1200 多年的悠久历史，虽经历朝代不断更迭，但仍然保存完好如新。

二是集建筑艺术之大成。开元寺原占地 100 亩，现有 20.3 亩，保留了唐代平面布局，以唐代建筑为主，又凝结了宋、元、明、清等各种不同时代的建筑艺术。全寺内分四进，分别为金刚殿、

天王殿、大雄宝殿、藏经楼等，东西有廊厅，纵深 60 多米，建有观音阁、六祖堂、地藏阁、住持厅等。

三是开元寺内的收藏十分丰富而珍贵。各大殿收藏有众多的雕刻塑像，这里还陈列有 1114 年铸造的千年铜钟、元代的铜声板等一批珍贵的历史文物。寺内藏经楼至今还保存着 8 大橱乾隆赐的雍正版《大藏经》7240 卷，内有汉、番、梵对照本，还有木刻印刷的佛教故事、连环画卷，其数量之多，资料之全，为国内寺院所罕见。

四是这里是岭东佛学院所在地。岭东佛学院历史悠久，曾在 1933 年 10 月 3 日举行开学典礼，后历经坎坷，停办。于 1991 年复办，岭东佛学院的新址于 1997 年 2 月 24 日竣工，新址在开元寺右侧，占地 2300 平方米，整体建筑包括一幢四层多功能教学楼等。我们在开元寺参观时，不时见到学院里进进出出的学生。

我们在开元寺内的各大殿参观，在开元寺的广场上停留。开元寺香火鼎盛，游客与信徒不少。两棵数百年历史的榕树挺立在广场，天王殿、大雄宝殿前四座石经幢，虽经历史沧桑，但仍巍然屹立。3000 斤重、高 1.7 米、口沿 105 厘米大铜钟，在历经数百年的天天撞击，完好如新，至今仍然发出悠扬的声音，祈祷着国泰民安。

2021.1.27

牌坊街

牌坊街，是潮州的古街，有着悠久的历史，是潮州的一大看点。

潮州牌坊街的基本格局形成于北宋，定形于元明。牌坊群形成于明清两代，骑楼形成于明末清初。绵延两华里的牌坊街，充盈浓浓的文化气息。

穿行于牌坊街的大街小巷，可以感受到文脉的传承。气势恢宏的府第建筑、各呈异彩的祠宇寺庙、遍布街巷的古井与牌坊街融为一体。

习近平总书记于 2020 年 10 月 12 日来到潮州，他从广济桥走到牌坊街，在牌坊街的中心地段，总书记向潮州群众发表了热情的讲话。总书记的到来，给古老的牌坊街注入了新的强大活力，一下子把牌坊街的知名度提到一个更高的高度。

我们中午在牌坊街的潮膳楼就餐，总书记去年来牌坊街时，曾亲临这个餐馆视察，我们进入这家饭店时，这家饭店的电视里不断回放总书记视察时的实况。

潮州的瓷器很有名，知名度方面仅次于景德镇的瓷器。潮州的陶瓷历史悠久，从境内陈桥村贝丘遗址中可以看出，早在6000多年前，先民便在此繁衍和冶陶。考古证明，至少在唐高宗仪凤—调露初年（676—679），潮州已有较大规模的陶瓷生产，并出现了釉下点褐彩瓷器。潮州作为宋代的广东瓷都，其中的产区就在潮州城四周，即今湘桥区辖区，如今，潮州已获“中国瓷都”称号。我们在牌坊街专门去了松发瓷器店，松发瓷器是潮州一家有影响力的品牌，在机场等很多繁华场所，都设有门店。我们一进入松发瓷器店，果然让我们眼前一亮，这里的瓷器应有尽有，质地很好，白瓷透明，红瓷耀眼，多彩、

多姿、多样的瓷器把门店装扮得红火漂亮。

习总书记在2020年10月12日视察潮州时，对潮州的发展做了极为重要的讲话，习总书记指出：“潮州是一个具有悠久历史的文化名城，弥足珍贵，实属难得，我们要很好地去研究她，去爱这个城市，呵护好她，建设好她。

“潮州这个地方有很多宝，这些年也是蒸蒸日上，欣欣向荣，前景可观，希望我们潮州的父老乡亲们，抓住这个大好时机，乘势而上，起而行之，继续把潮州建设好。

“潮州文化具有鲜明的地域特色，是岭南文化的重要组成部分，是中华文化的重要支脉。”

习近平总书记在潮州古城察看潮州市文物修复保护、非遗文化传承等情况后指出：“以潮绣、潮塑、潮剧和功夫茶、潮州菜为代表的非物质文化遗产，是中华文化的瑰宝。”

潮州，这个历史文化古城，祝愿你按照习总书记指引的方向前进，在现代化建设的浪潮中建设得更美。

2021.1.27

潮州西湖

过去只知道杭州西湖，扬州的瘦西湖、惠州西湖等，而且这三个著名的西湖的知名度都高，都是国家5A级风景区，有着非常丰富的历史文化内涵，但到了潮州，第一次听说还有潮州西湖，在当地导游介绍后，迫切希望去看看潮州西湖，看看潮州西湖是否也很漂亮，我们调整日程，决定在潮州牌坊街午餐后、去南澳岛之前，临时增加了潮州西湖。

一到潮州西湖，就被西湖的美景所吸引，潮州西湖景区是由西湖、葫芦山、涵碧楼等一系列景点组成，现在也是潮州爱国主义教育基地。

潮州西湖具有悠久的历史。据《方舆纪要》载，西湖原为河流的一段，绵亘十余里。到了唐代，筑了北堤，才把它与韩江切断，成了宽阔长形的大湖。潮州西湖的简史概括为：始于唐、著于宋、毁于元、盛于明、芜于清、民国不清不明，于今湖绿波平。

潮州西湖风光美丽。西湖原是潮州古城的护城濠，俗称“城壕池”。西湖水碧波荡漾，一片翠绿，湖水清澈见底，杨柳依依，山水相衬，很接近扬州瘦西湖的感觉。湖心亭、处女泉、

涵碧楼等景点辉映着美丽的西湖，而西湖渔筏的动人传说，流传到现在依然为人津津乐道。

潮州西湖与葫芦山相依。著名葫芦山摩崖石刻就在旁边，这些石刻原有 200 多处，现存 160 处。石刻年代自宋至中华民国，内容包括题词、题诗、题名、记事、记游和官府文告等，金、篆、行、草、隶各种书法俱全，具有较高的历史文物价值，1962 年被公布为广东省文物保护单位。

潮州西湖是红色教育基地。1927 年 9 月 23 日下午，八一南昌起义军进占潮州，周恩来、贺龙、叶挺、刘伯承、彭湃、郭沫若等同时到达，在潮州的共产党员、共青团员、工人、学生青年与商会代表拥向西湖广场欢迎起义军，潮州城洋溢着热烈的革命气氛。周恩来率领的起义指挥部在涵碧楼办公，9 月 23 日进入潮州，9 月 30 日撤出，前后七天，史称“潮州七日红”。涵碧楼由郭沫若题字，侧面是周恩来、贺龙、叶挺、刘伯承、彭湃、郭沫若的大型雕塑，楼前是象征革命意义的两棵 400 多年的木棉树，还有一块抗战阵亡将士纪念碑。涵碧楼是广东省重点文物保护单位，如今是潮州爱国主义教育基地。涵碧楼与美丽的西湖辉映，成为独特的景观，既有红色历史的纪念，又有现实主义的教育，还有美丽如画的西湖风景。

2021.1.27

南澳总兵府

我们从潮州西湖出来后，离开潮州，直奔南澳岛。两个多小时后，我们经过现代化的大桥——南澳大桥，到达南澳岛内。

我们在南澳大桥的南澳岛一侧作短暂停留，在明媚的阳光下，南澳大桥的雄姿映入我们眼帘，远处的建筑与厂房清晰可见，碧绿色的海水荡漾，尽情展示着南海的美丽，南澳岛真美。

南澳岛是汕头市的一个县，也是广东唯一的海岛县，全岛陆地面积 114.74 平方公里，其中山地面积占 93.6%，平地面积占 6.4%。南澳，南之澳。澳，海边可以停船的地方。南澳岛位于闽南粤东交界海面，东海和南海的分界线，西端北回归线从岛中部穿过。南澳县现下设后宅镇（县城所在地）、云澳镇、深澳镇、黄花山海岛国家森林公园、青澳旅游度假区等。

我们到达南澳岛后，首先直奔南澳总兵府参观。

南澳总兵府是南澳镇军事中心。南澳虽弹丸之地，却是漳潮之屏障、东南之门户，历来为兵家必争之地。明嘉靖年间，红夷、倭寇对我国东南沿海的侵扰日益猖獗，加之粤东、闽西海寇、山贼多以南澳岛为据点，行劫滨海江诸州县，致使我疆域安全和民众安全受到严重威胁。因此，明万历三年（1157），

诏设闽粤南澳镇，清康熙二十四年（1685），南澳镇升设总兵（正二品），受两省水师提督管辖。同时，左营开始分期参与福建水师轮流守卫台湾、澎湖、淡水，三年一班，前后历两百余年。

近万名水师，数百艘舰船，百余座铳城、所城、水寨、炮台、墩台，上千门火炮、无数次克敌海战等使南澳镇成镇倭寇、海盗的重要前线，成为明清时期东南海防的军事重镇。

南澳总兵府设置了闽粤海上分界线的标志。这个标志在岛的中心，是闽粤海上分界线，一边是福建，一边是广东，我们

愉快地在这个标志的石碑前合影留念。

南澳总兵府是廉正教育基地。南澳总兵府是闽粤南澳镇海防军事指挥中心，南澳总兵中众多的优秀代表不仅统领镇标左、右营和闽南、粤东水师浴血奋战、御敌卫国，而且清正廉洁、勤政爱民，为后人留下了十分宝贵的反腐倡廉的精神财富。现在广东省在总兵府设置了反腐倡廉教育基地，这个展出，通过一段段文字、一张张图片、一个个故事，生动地展示了历任总兵、副总兵的保家卫国的家国情怀与严于律已、廉洁勤政的感人事迹，参观后心情很不平静，我们的先辈在如此艰难情况下能做到，为什么现代社会还有腐败事件发生呢？这值得我们深思。

南澳总兵府是郑成功招兵之处。在总兵府的门前，有一棵树龄超过430年的榕树，高20余米，主干围15米，这棵树就是郑成功招兵树。清顺治三年（1646年，南明隆武二年），郑成功背父抗清，拥南明，与陈辉、张进乘舰入海，收兵南澳。相传郑成功多次在这棵榕树下招兵，后人把这棵榕树称之为“郑成功招兵树”。郑成功在南澳立足后，以南澳、金门、厦门为根据地，连年出击粤、闽、江、浙，从事抗清复明活动。1661年4月21日，郑成功率水师东征台湾，翌年2月1日，侵台荷兰总督投降，被红夷侵占了38年的台湾终于回归祖国。

2021.1.27

宋 井

宋井，是来到南澳岛必看的地方，今天一早，我们来到了宋井风景区，亲身见证这一跨越千年历史的奇迹。

宋井风景区位于云澳镇澳前村，占地为 50549.77 平方米，由神奇宋井、太子楼遗址、雕塑公园三大主体景观组成。

关于宋井的传说，南澳县志有记载。南宋景炎元年（1276）5 月，因元兵进逼，礼部侍郎陆秀夫及大将张世杰等护少帝赵昰和赵昺退往南澳，驻跸澳前一带，并在这里挖井汲水，遗留

下来了御用南宋古井和太子楼遗址等古迹。

宋井处于临海沙滩，通常与海水相距仅十余米，在涨大潮特别是台风到来之际，井常常被淹没，而复出之后，井水很快恢复甘淡水质，连取不绝，久有不败。

后来南澳县重修了宋井并立碑，同时扩大为宋井风景区，成为南澳岛上一个重要参观景点。

我们来到了宋井，见证了宋井这一奇迹。海边上设井，居然是淡水，而且千年不变，其中原因至今无法准确解释，这或许也是天意吧，保佑皇帝太子渡过灾难。而南澳县重修宋井并立碑，并开辟很大的宋井风景区，足见南澳县的远见，功在当代，利在千秋，这里已经成为南澳岛上著名景点。

站在宋井旁海边巨大海礁石上，南海涛声拍岸，海风轻吹，让我们陷入沉思，我们仿佛看到千年前宋少帝在这里的情景，往事越千年，如今换了人间，真是天翻地覆。

站在宋井旁海边巨大海礁石上，远望天边，夕阳西下，红日正逐渐落下，眺望远处，南澳一号沉船标志物时隐时显，似乎诉说着当年海上丝路曾经的繁忙与繁荣，而我们更多的是看到了 21 世纪新的海上丝绸之路的美好前景。

2021.1.28

南澳北回归线

南澳北回归线标志塔——自然之门，位于汕头市南澳县青澳湾的北回归线广场，是迄今我国建成的 11 座北回归线标志塔之一，处于北回归线与我国大陆东岸的交点处。在广东唯一的海岛县南澳县上，也是唯一一座位于海岛上的北回归线标志塔。1985 年建设，1986 年竣工并开放。

自然之门北回归线标志塔，位于南澳岛沙滩上，由 CIID 常务理事——郑少文总设计师主持设计。

每年夏至正午，当太阳直射北回归线时，日影将穿过“自然之门”上方圆球中心圆管，投射地台中央，达到“立杆不见影”的效果。

南澳北回归线标志塔是个景点。自然之门以其独特的造型屹立在海边，成为一道景观，而以自然之门而形成的酒店、广场、花园等，形成了南澳岛上的一个新风景区。游人来到这里，不仅可以观海，而且可以与这个标志塔合影，留下纪念。

南澳北回归线标志塔是天文学观察、研究的重要之地。自然之门的设计采用汉字“门”字进行演变造型，球体半径 3.21 米（对应春分 3 月 21 日），悬臂长 6.22 米（对应夏至 6 月 22 日），从底座到球体高 12.22 米（对应冬至 12 月 22 日）；两边门柱所倾斜的角度正好对应北纬 23.5° （对应北回归线纬度）。每年夏至正午，当太阳直射北回归线时，日影将穿过上方圆球中心圆管，投射地台中央。借助于这个自然之门，可以更好地观察天文与地理，加强这方面的研究。

南澳北回归线标志塔是南澳亮丽的风景线。自然之门是汕头第二座北回归线标志物，与汕头西部鸡笼山上的另一座北回归线标志物，形成一山一海，东西呼应的景观。

2021.1.28

美丽的南澳岛

南澳岛有着优美的风光，绿树环绕的青山，百花盛开的山庄，依山傍海的风景，漫长的海岸线，细软的沙滩，轻拂的海风，明媚的阳光，风力发电的雄姿，绿色的茶树，金黄色的果树，把南澳岛打扮得分外妖娆。

我们入住在青澳旅游中心旁的悦缦酒店，青澳的海滩有着东方夏威夷之称的美名，早晨起来我们沿着海滩的木栈桥前行，也时而走到海滩上欣赏这柔软的细沙，这沙又细又白，真的与夏威夷海边的感觉差不多，这里是平静的海湾，大海的大风大浪是无法进入这个安宁的港湾。

我们到了后花园山山顶，登高望远，眼前是一望无边的南海，美丽的南澳岛尽收眼底，这里风景独好。我们又来到了果林与茶山，亲自参与摘果，感受劳动的快乐。我们在果林、茶园里品尝新鲜水果，品淳芳茶香，享受生态园的品质，体会原生态的鲜味，是一种独特的快乐。

后花园山，还是碳零排放的试验基地。南澳岛是亚洲最大的风能发电厂，到现在为止，南澳岛已实施了 13 期风电开发

项目，共安装风力发电机组 236 台，装机容量 17.17 万千瓦，每年可发电 3.7 亿千瓦时，实现税收 4300 万元，与火电相比，每年可节约标准煤 13.36 万吨，减少二氧化碳排放 35 万吨，减少二氧化硫排放 0.11 万吨，减少氮氧化物排放 0.1 万吨。2020 年，南澳岛温室气体排放量（直接排放）约为 7.4 万吨二氧化碳当量，以风电项目调出部分可实现的减排量约为 94.2 万吨二氧化碳当量，实现碳中和抵消。你在南澳岛上旅游，到处可见风力发电机组的雄姿，这成为南澳岛一道独特的风景。

我们在金银岛上参观，金银岛离后花园山不远，是央视《南澳岛寻宝》专题片拍摄地之一，金银岛是传说中吴平的藏宝地。吴平，大名鼎鼎的海盗，明代福建诏安县四都梅岭人，曾加入倭寇队伍且日渐壮大为害一方，于嘉靖四十四年（1565）被明将戚继光、俞大猷、刘显、汤克宽率兵所击败，最后自己跳水而死。深澳镇的吴平寨村是第一个以海盗名字命名的村。

金银岛面积大约一千平方公里，三面环海，阳光下，海面

碧波荡漾，让人心旷神怡。岛上大石相叠，曲径通幽，石洞穿插，阴凉无比。这雨伞型亭子前面的美娘子石雕像，就是吴平的妹妹。她一手扶着元宝，一手握着宝剑，一副守护金银的样子。据说摸摸她手上的元宝，就会给你带来“财运”呢，因此我们大家纷纷与吴平妹妹的石塑像合影。吴平妹妹身旁石壁上嵌着《金银岛纪事》等碑记。周围林立的怪石刻有名家题字的诗文。

金银岛是否有宝，到现在也不得而知，这个谜团将继续下去，但南澳岛一定会越来越漂亮，建设得越来越好。

2021.1.28

崎碌炮台

从南澳岛来到汕头，我们先到了位于市中心的炮台公园。崎碌炮台位于汕头市金平区海滨路 20 号的炮台公园内，这是晚清政府为保卫国土抵御外来侵略而修建的海防军事建筑物，建于 1874 年，竣工于 1879 年。崎碌炮台是迄今为止保存最为完整的近代军事设施之一，崎碌炮台有以下一些特点：

规模大。崎碌炮台平面呈环形，总面积 19607 平方米，炮台面积为 10568 平方米，面积大，很像一个圆形的球场。

炮台周围设有护城河。外围宽 23 米的护城河对炮台有严密的保护，外敌要进入炮台，并不容易。

结构设计合理。炮台分为上下两层，各置火炮 18 门。下层是一条砌拱顶炮巷，炮巷宽 4.1 米，全长 292 米，贯通于楼下炮台，是放置炮弹的地方和炮兵驻扎的营地。登台楼梯呈波浪型，易于运送炮械。

安全考虑周全。炮台有一道较为隐蔽的螺旋形楼梯，是作战时的快速通道。上层台面分布通风报话塔 72 座，每三个为一组，呈品字形分布，是下层炮巷的通风采光设备。

如今崎碌炮台已成为青少年教育基地，成为研究清代军事设施的重要场所。我们分别参观了炮台的一、二层，亲身感受到当时建筑设计的缜密与施工的高质量，即使现在看，崎碌炮台的设计与施工仍然很有特色。

而炮台公园则成为休闲观光的场所，这里绿树成荫，青草翠绿，鲜花四开，护城河清澈见底，这里早已没有当年的炮火连天的硝烟，有的是和平的阳光，老人们在这里享受快乐的时光，更多的人是带着孩子在绿地上嬉戏，人们把这里作为一个快乐的乐园。

崎碌炮台提醒我们这里曾经发生的一切，告诉我们，和平来之不易，只有国家强大，和平的阳光才能照射进来，幸福的生活才能永远。

2021.1.28

汕头小公园

这是我们第一次来到汕头。汕头开埠于 1860 年，这里曾被恩格斯称为中国“唯一有一点商业意义的口岸”。汕头小公园，位于汕头市老市区的商业和文化中心，是汕头老城的核心地域和文化标志，是汕头开埠区的核心地标，是大陆最大规模民国建筑群。

小公园保存有最完整的民国建筑群。汕头小公园有建于 1932 年的百货大楼，其前身是“南生公司”，这是汕头市解放前第二高的建筑，装有汕头历史上第一部电梯，也是汕头第一家股份公司；位于小公园中央的中山纪念亭，建成于 1934

年 12 月，这里承载着汕头人太多的浓浓乡情；汕头开埠文化陈列馆是汕头的一张文化名片，浓缩展示 1860 年 1 月 1 日开埠以来的发展；汕头邮政总局大楼，是汕头开埠以来第一所自建的邮局，它见证了汕头邮政通信事业的发展；还有建于清嘉庆年间的老妈宫，至今都仍完好地保存着。

街道建筑别具一格。小公园的街道是全国唯一呈放射状格局的骑楼街道。以小公园为中心向四周伸出蛛网状骑道街道，形成放射格局，纵向为主街，横向为次街。小公园的建筑风格充分体现了中西合璧，线条流畅，表现丰富。骑楼建筑的细部更是体现了汕头人在工艺上精雕细琢、极致精致的工匠精神。

小公园的特色商品丰富、各式小吃齐全。这里集合了汕头的各种特色小吃，品种十分丰富。糕点、小吃、海产品等，应有尽有，价廉物美，味道很好，我们边逛，边品尝，边购买，

还让店主帮助邮寄，真是货真价实，我们高兴而来，满载而归。

行走在小公园，仿佛回到过去的历史，回到过去的年代，寻找到过去的文化，重启过去的记忆，既是一次历史文化之旅，也是一次品尝汕头小吃的美好经历。

保护好小公园，就是保护好历史，就是保护好文化，就是造福为民，就是推动汕头的发展，就是吸引更多的游客来到汕头，这是汕头人民的心愿。虽然小公园的重建过程历经坎坷，但最后结果是令人满意的，汕头小公园被认为是中国开埠的34个城市里至今唯一保存完好的开埠区。

2021.1.28

欢乐的海滩

我们在三亚的家，在三亚市中心金鸡岭路与三亚湾路的交界处，房子正南朝北，面向大海，是非常理想的海景房。我们没有选择在三亚周围或海南其他地方购房，主要是考虑在三亚市中心最方便，这里可以享受到三亚市在健康医疗、生活购物、旅游观光、出入交通等方面的种种便利，而三亚湾的海景也同样漂亮，特别是在夜晚，这里更是在三亚夜晚最为亮丽的美景之一。

晨起，我们只花 5 分钟就从家里来到海边。海滩上早就人群熙攘，这里有在海边散步的，有跳舞的，有奏乐的，有练歌的，有习武的，有绘画的，这里是一个欢乐的世界。动人而熟悉的歌曲旋律，从晨起到晚上，一直不会停息，让你充分感受到这是一个欢乐的海滩。几乎每天都有组织的乐团在海边排练演出，这吸引了大批游客的聚集，增添了海滩的节日欢乐。在这些乐团里，还有不少是部队的老兵，他们组织起来，着一身威武的军装，特别有精气神，精湛的演技，往往吸引着很多游客长时间驻足停留。

白天，海滩的欢乐声依旧。椰风轻吹，阳光明媚，碧海蓝天，海滩上有人下海，游艇出航，海上开始忙碌起来，海滩开始热闹起来，人们在海滩边你来我往，白天的海滩成为人们休闲之地。

夜晚，海滩的歌声依然响亮。人们依旧在海滩不散，在这里继续白天的快乐，继续寻找生活的欢乐，人们用歌声寄托自己的思念。不同的是，在夜晚的海滩上，不仅可以听到不绝的歌声，还可以看到三亚湾闪烁而迷人的海滩夜景，这些夜景多

彩多姿，霓虹灯映红了夜色的海面，海面比白天更加漂亮。夜晚的海滩旁，还有颇具特色的海鲜大排档，这也吸引着大批游客，使夜晚的海滩就更加热闹。这些大排档，往往依店露天而设，地道的海鲜，轻拂的海风，夜色的海景，加大了这些大排档的吸引力。疲倦了一天的游客，多半选择在这些大排档就餐，既品尝地道的海鲜，又可以欣赏美丽的三亚湾夜景，在轻拂的海风中放松自己，从而消除一天的疲劳。

三亚湾的海滩是热闹的，三亚湾的海滩是繁荣的，三亚湾海滩的歌声是嘹亮的，三亚湾海滩是令人神往的，三亚湾海滩留给我们的印象是深刻的，在不远的未来，我们会选择这里作为我们的一个居住地。

2021.2.10

三亚千古情

今天是大年初一，我们来到了三亚著名风景区——三亚千古情景区。

三亚千古情景区是三亚近年来打造的著名风景区，位于三亚市迎宾路 333 号，掩映在茂密的森林和鲜花丛中，有大型歌舞《三亚千古情》，并由图腾大道、入口广场、爱情街、绣楼

广场、崖州古街、千古情亲子乐园、清明上河图电影馆、戏水区、千古情广场、鬼域惊魂等数十个主题区组成。

三亚千古情景区内这些主题区很有海南特色，深受游客欢迎，但最受人欢迎的是大型歌舞《三亚千古情》。

大型歌舞《三亚千古情》是由杭州宋城集团倾力打造的，该作品获得海南省“五个一工程”奖。黄巧灵是宋城集团创始人、董事局主席，宋城演艺董事长，宋城艺术总团团长，“千古情”系列演艺作品总导演、总策划、艺术总监。两度被评为风云浙商，获推动中国城市化进程十大杰出贡献人物。黄巧灵总导演的“千古情”系列演艺作品获得国家“五个一工程”奖，中国舞蹈最高奖“荷花奖”。

宋城集团已建成和在建城市有杭州、三亚、丽江、九寨沟、桂林、张家界、西安、上海、珠海、佛山、西塘等十大旅游区、三十大主题公园、上百台“千古情”及演艺秀、主题酒店，并拥有千古情演艺谷等数十个文化娱乐项目。

《三亚千古情》立足于三亚长达一万年的恢宏历史长卷，以其崭新的舞台设计使整场演出突破了传统空间与感觉的界限，呈现出诗画般令人目眩神迷的美学感受。360度全景剧幕层出不穷，400平方米的巨型悬空透明膜从天而降，4700位观众伸手与头上的比基尼美女零距离互动，让每一寸角落都满盈着演出怒放的张力，撼动着观众的视觉与听觉神经。

这里能听到“落笔洞”的万年回声，这里有“鹿回头”的动人传说，这里有“巾帼英雄冼夫人”的荡气回肠，这里有“海上丝路”的异域风情，这里能看到“鉴真东渡”时的惊涛骇浪，这里还有“美丽三亚”的描绘，在椰风、海韵、沙滩的醉人风

景中，寻一段浪漫邂逅。

视觉盛宴，震撼人心。

《三亚千古情》给人印象最深刻的是：

一是历史高度浓缩。近万年的历史，通过四幕外加序幕、尾声表达出来，通过落笔洞、鹿回头、冼夫人、海上丝路、鉴真东渡、美丽三亚这些最典型的事件，高度浓缩了三亚的璀璨历史，使其放射出历史的灿烂光芒，给人留下难忘而深刻的印象。

二是舞蹈水平高。《三亚千古情》继承了《宋城千古情》高超的舞蹈水平，演员们精湛的舞技，给人们演绎了一幅幅精彩无比的舞蹈画面，演员们惟妙惟肖的表演，使人们充分享受到一场精彩的舞蹈盛宴，人们仿佛在舞蹈的艺术长河中漫游。

三是演员与观众互动性强。剧场设计现代，多变的舞台，可动的座位，空中多变的组合，成就了一幕幕神奇的组合，这些动态组合使演员如同从天而降，观众又似身临其境，不断神秘地变化，一次次冲击着观众的视听效果，冲击着观众的神经，让观众充分享受现代艺术的无穷魅力。

四是时间紧凑。如此大跨度的历史跨越，如此丰富的内容，如此精湛的演出，如此变化的动态场景，全场演出不到一小时，各场连接非常有序，非常紧凑，观众还沉浸在剧情之中时，剧场拉下帷幕了，让人感觉余音缭绕，回味无穷，都还想再来看一场。

总之，《三亚千古情》是一出充分反映三亚历史文化的好歌舞，是到三亚的游客必看的大型歌舞，是一个艺术的精品，必将长留在三亚的历史文化之中。

2021.2.12

鉴真在三亚

《三亚千古情》歌舞剧的第四幕中，展示了鉴真第五次东渡日本遇台风而漂到三亚，他在三亚的一年多时间里，留下了浓墨重彩的篇章，成就了三亚历史上的一段光辉史话。

鉴真（688—763），唐代高僧，中国佛教南山律宗的传人。鉴真原姓淳于，14 岁时在扬州大明寺出家，由于他刻苦好学，中年以后便成为有学问的和尚。唐天宝元年（742），他为弘扬佛法，应日本僧人的邀请，先后六次东渡日本，前五次渡海均告失败。

唐天宝七年（748），鉴真率弟子 35 人第五次渡海时，遇台风漂到振州（今海南三亚）宁远河口南山附近登岸，在振州驻锡一年多，修造大云寺宝殿，传播佛教文化。次年北上。天宝十二年（754 年），鉴真第六次东渡成功，在日本国讲律布法 10 年，成为该国律宗的祖师。唐广德元年（763），鉴真圆寂于日本唐招提寺。

据程世高发表的研究文章（刊于陕西师范大学《中学历史报》2010 年中考版第 22 期第四版）：

“天宝七年（748），因鉴真前四次东渡均未成功，日本僧人荣睿、善照再次来到大明寺延请他去日本传戒。鉴真随即率领 14 名僧人、工匠水手等共 35 人，于阴历六月二十八日从崇福寺出发，决心再次东往。这一次行程最长，艰险最大。为等顺风，出长江后鉴真一行在舟山群岛一带停留了数月，直到十一月才出海。但是因遭袭台风，一路漂泊十多天才最终着陆，到达海南岛的振州。当时振州别驾冯崇债得知此事，立马遣兵四百余人把他们迎入私宅设斋供养，并且强认鉴真为干母舅。其他官员也纷至沓来，连名噪一时的大海盗冯若芳也曾前来。

“鉴真等人入住修好的大元寺，而一住就是一年半。在这一年半的有限时间里，鉴真为海南岛的社会发展做出了巨大贡献。他带领弟子为大元寺手抄了大量的佛教经典，并以大元寺为讲坛，向当地民众讲授律、戒、度等佛教要义，传授相关书法、雕刻、医学、工艺美术等中原知识，使得中原文化在海南得到进一步延伸发展，鉴真大师在海南受到万人敬仰。一年半后，

鉴真踏上重返之路，在路经端州（今广东肇庆）时，因气候炎热，双眼不适，身染重病，又因外国医生治疗不当，鉴真从此双目失明。但鉴真东渡日本的决心，丝毫没有动摇，于754年，终于到达日本九州，成为日本的律宗初祖。”

把鉴真在三亚的历史写进《三亚千古情》具有多重意义：

一是可以让人们永远记住这段历史，具有历史意义。鉴真在三亚一年半的时间，是历史的真实，是三亚历史的亮点，保存这段历史，就是保存了三亚历史的精华，保存了三亚历史的亮点，这既是对历史的尊重，也是对现在的激励，对未来的昭示。而对更多的游客而言，是一种强大的吸引力，是一种向往，是一种对三亚历史新的认知。

二是鉴真大师的精神具有鼓舞的力量，具有精神的意义。鉴真大师六次东渡日本不屈不挠的精神，一直感召着我们，感召着日本人民，也感动着全世界，特别是第五次东渡最为悲壮，那年鉴真大师已经60岁，在海上漂流14天后到了海南岛，日本僧人荣睿病死，鉴真大师在返回途中双目失明，后历经千辛万苦，于天宝十年（751）回到扬州，仍然坚持第六次东渡，终于天宝十二年（754）成功东渡，这种锲而不舍的精神是我们后人必须继承的。只要有这种精神，我们几乎没有办不成的事。

三是鉴真大师的精神，在当下具有时代意义。当前国内外面临复杂的形势，人类生存环境受到更多的挑战，世界经济变得越来越不确定，这个时候，弘扬鉴真大师不屈不挠的精神，团结一致，克服人类共同面临的困难，更加重要，具有时代意义。

2021.2.12

在南海航行

今天是大年初二，我们与从海口等地赶来的朋友们相约在三亚湾的星华游艇码头碰头，一起乘游船出海航行。

三亚，碧水蓝天，阳光明媚，现在是冬日旅游最好的时节。我们 12 点准时离开三亚湾星华游艇码头，3 小时后准时返回三亚湾星华码头。

我们乘坐的这艘游船，最多可容纳 30 人，共有上下三层。中间层是主层，是游船主要的活动场所，主层分内外两个厅，可容纳 20 人左右，在主层可以看海景；地下一层，有一间卧室，一间带有卡拉 OK 的休闲室，可容纳 10 余人，还有一个公用卫生间；三层是游船顶层，敞篷式的，可容纳 10 多人，顶层通风好，可充分领略清爽的海风，还可全景观看美丽的海景。

游船航海，是朋友们聚会的一个好机会。之前，我们为这次航行做了充分准备，丰富的酒水与冷菜，使我们在游船上享受了冷餐的快乐，延续着春节的喜悦。友人们久别重逢，相聚在游船上，边航行边畅谈别后事、工作事、未来事，是一种很好的交流机会，也是一种别样的快乐。

游船航海，是一个观赏海景的好机会。南海碧波荡漾，蔚蓝色的海水清澈见底，大海波涛起伏，游船一往无边，驰骋在辽阔的海面上，四周尽是美丽的景色，海天一色，南海的景色真美，让你心旷神怡，精神倍增。

游船航海，是感受大海快乐的好体验。船行到远海处，会与其他一些船停泊在一起，在这里有丰富的海上运动。这些海上运动有海上橡皮艇、快艇，也有其他一些海上项目，虽然看似有些险，但实际上都有非常周密的安全措施，因此是非常安全的。体验这些海上运动项目能进一步感受到大海的魅力，体会到大海的快乐，这也是人生的一种享受。

游船航海，是节日的一种很好安排。春节期间，选择出海方式出游，丰富了节日的安排，使节日的活动多样化。大海辽阔，海阔天空，一望无际，大海的阔广，会增加你的情怀，开阔你的思路，丰富你的想象。而与亲友们相聚在船上过节，其乐融融，也是一种难得的经历。

花点时间与亲人们在一起，这是生活的快乐。蓝色的大海增加了你的情怀，融融的亲情增添了你的欢乐，生命的意义不仅要奋斗，而且也要享受生活的快乐，从而激励自己为美好生活而奋斗，这也是一种正能量的推动。

花点时间与朋友们在一起，这是事业的需要。在海风的吹拂下，朋友们畅谈新一年的发展，活跃思想，凝聚统一，达成一致，会产生新的思想火花，而这正是新年新的动能来源，必将助推新年的更好发展。

花点时间再次体验大海的澎湃声，这是新年再出发的动员令。时光飞逝，一晃又是几年，不变的是气势磅礴、美丽如画的大海，而我终将渐渐老去，珍惜宝贵的时光再奋进，抓住难得的机会再冲刺，以大海宽广的胸怀立下大志，奠定大格局，成就大事业，在发展上留下浓墨重彩，以大海汹涌澎湃的不息精神鼓舞我们，在新的一年里，争取更大的成绩。

2021.2.13

购物的天堂

我们从水族馆出来就驱车来到海棠湾海棠北路，由中免公司开的三亚国际免税城，这是三亚最大的免税商店，昨天去过的海旅免税店与之相比，那真是小巫见大巫了。这是一个以购物为主，兼有餐饮、观光、娱乐为一体的综合性商城，在海南去年被批为离岛免税区后，更是成为人们假日里争相拥去的地方。

这里是全球规模最大的免税商店。三亚国际免税城于2014年9月1日正式开门营业，国内离岛免税市场再次引来消费者的瞩目。三亚国际免税城总建筑面积约12万平方米，商业面积达7.2万平方米，是全球规模最大的单体免税店，而原在三亚城内1万平方米的免税商店已明显不够用了。此次共计引进近300个国际知名品牌。其中，普拉达、乔治·阿玛尼、劳力士等十多个品牌是首次进入中国大陆免税市场。还开辟了各国特色商品、海南特产、户外运动、美食、顾客服务五大功能分区，兼有娱乐休闲区域。

这里品牌云集。共有近300种世界上著名的消费品牌都在这里设有分店，这里是世界的品牌汇。在欧美疫情仍然严重的情况下，人们无法去欧美购物，也无法去海外旅行，到三亚来购物，到三亚来旅游，就成为富裕起来的中国人的最好选择了，这里是购物的最佳选择地。

这里商品价格优惠，是购物的天堂。这里的商品，都实行免税优惠，优惠的幅度约15—25%，我们比较了一些商品，价格与网购差不多，但在这里可以亲自挑选商品，可以亲自体验商品，可以亲身感受购物的浓浓氛围，这与网购有很大不同。一般衣服类、奢侈品等商品，需要凭证在离开海南时交货；而一般食品类，则是当场可以交货，这与在国外购买免税商品的程序与方法基本是一样的。

这里是巨大的综合性设施，是休闲度假的好去处。人们到这里来，除了购物之外，还有观光休闲的目的，并不是每个人都为购物而来，但观光休闲与购物又总是分不开的，你中有我，我中有你，寓观光休闲于购物之中，寓购物于观光休闲之中，两者相得益彰。

这里反映的是中国的盛世。无论是购物，还是就餐，这里都是人群熙攘，人声鼎沸。很多品牌店实行限人数，要排很长时间队才能入店。中午就餐时，有很多的选择，但每家店都要排队，要有耐心等候，这就是免税城的兴旺景象。看着这些脸上挂满幸福的人们，看看人们纷纷拥向品牌店时的快乐而急切的心情，看看我们处在如此现代、堪称世界上最好的购物环境之一，我们确信中国人民是世界上最幸福的人群之一，这是强大中国盛世的一个缩影，与受疫情困扰的西方世界形成鲜明的对照。

2021.2.14

亚特兰蒂斯空间水族馆

我们在正月初三那天去了三亚亚特兰蒂斯，到了那里才能更好地体会三亚的海洋文化。亚特兰蒂斯坐落于国家海岸海棠湾，占地面积达 54 万平方米，酒店由 80 余家国际著名的建筑和设计机构联手打造，设计风格融汇东西方特色文化以及琼岛本土文化，是集度假酒店、娱乐、餐饮、购物、演艺、物业、国际会展及特色海洋文化体验八大业态于一体的旅游综合体。

酒店建有“失落的空间”水族馆，游客可观赏到鲨鱼、鳐鱼、水母、倒吊鱼、海鳝和巨骨舌鱼等 280 种生物，还可在潜水项目中与异域海洋生物共舞。

参观空间水族馆，身临其境，感受很深。这个空间水族馆是我们看过的水族馆中空间最大的，很有震撼感。在立体的海上空间里，透过玻璃，人们与海洋中的这些庞然大物近距离接触，感受到海底世界的无穷奥秘，体会丰富多样的海洋生物，这既是一次海洋文化的体验，也是一次海洋生物知识的普及。

行走在空间水族馆，人群拥挤，即使在防疫情期间，也没有影响人们参观的热情。我们惊叹人们对海洋生物的好奇，这

种参观增添了人们对海洋生物的兴趣，是一次非常生动的海洋知识科普，也是一次深入了解海洋生物的机会。

海阔凭鱼跃，海底大世界。参观空间水族馆，我们才知道在辽阔的海洋里，海底世界是如此多彩，原来海底还生活着如此丰富的海洋生物。虽然随着气候与环境的变迁，海洋生物也在不断地进化，有的海洋生物已经不复存在，但适者生存，更多的海洋生物依然还在，我们应当全力控制地球的气温不再上升，这样我们可以保护更多的海洋生物，保护更多的地球生物。

生物、动物、植物等，都是我们人类生存环境所必需的重要组成体，人类和谐相处的亲密伙伴。世界的可持续，在于人类与生物、动物、植物的和谐相处的可持续，在于维持一个生存温度、生存环境的平衡点，一旦失衡，就会出现动荡，就会破坏生态平衡，就无法实现可持续。

将旅游与体验海洋文化结合起来，这是亚特兰蒂斯的一个成功实践。除了水族馆外，酒店还打造了水世界，占地 20 万平方米，是全年开放的水上乐园，设有数十条顶级滑道、极速漂流、戏水童趣乐园等。该酒店设有 21 家寰球美食餐厅，涵盖了欧陆自助、中餐自助、日式料理等国际美食，游客可在海南感受世界美食文化。

2021.2.14

蜈支洲岛

今天是正月初四，我们来到了三亚美丽的岛屿——蜈支洲岛。从三亚市到蜈支洲轮渡码头用了一个小时，然后再乘 20 分钟的轮渡，就到了蜈支洲岛。

蜈支洲坐落在海南省三亚市北部的海棠湾内，北面与南湾猴岛遥遥相对，南邻美誉天下第一湾的亚龙湾。蜈支洲岛距海岸线 2.7 公里，方圆 1.48 平方公里。蜈支洲岛是海南岛周围为数不多的有淡水资源和丰富植被的小岛，有两千多种植物，种类繁多。

我们已经是多次来到蜈支洲岛了，每一次来，都加深了对这个美丽岛屿美好而深刻的印象。

蜈支洲岛有着不同寻常的历史。有关蜈支洲岛的记录最早出现在清朝。光绪年间，海南有位游云道人吴华存遍游海南诸岛，希望寻访炼丹修身之处，他发现了蜈支洲岛。崖州知府钟元棣获悉并来岛察看后，制止了吴道人试图将岛为他个人所用的企图，由州府筹资在岛上修建一处庵堂，取名为"海上涵三观"，供奉中国汉字创造人仓颉。从 1893 年修建庵堂至今，已有 100 多年的历史了。

蜈支洲岛有着迷人的自然风光。临海山石嶙峋陡峭，直插海底，惊涛拍岸，蔚为壮观。站在岛的最高处极目远望，南海风光无限，碧海蓝天。蔚蓝色的海水，碧波荡漾，让人着迷。岛的中部山林草地起伏逶迤，绿影婆娑。北部滩平浪静，沙质洁白细腻，恍若玉带天成。这里的海滩沙质细白，实属少见。此处是 2013 年冯小刚导演的贺岁喜剧片《私人订制》的主要

外景拍摄地之一，现在已成为人们来岛的必到之处。

蜈支洲岛风景独特，是旅游写真、结婚拍照的理想之地。在三亚蜈支洲岛，自然景观让人心旷神怡，空气清新，阳光明媚，大量游人在沙滩各处景点拍照，海滩旁、椰林中、情人桥处、淡水泳池旁，都是游客拍摄个人、情侣、闺蜜、全家福写真的好地方。这里是拍摄、写真、婚礼、婚纱照的理想之地，一对对结婚的新人，在这里留下美妙的倩影，留下幸福的回忆，将优美的海岛风光留在这幸福的时刻。

蜈支洲岛享有“中国马尔代夫”的美誉，同时也是世界上为数不多的唯一没有礁石或者鹅卵石混杂的海岛，岛四周海域清澈透明，海水能见度 6—27 米，形态各异的珊瑚与马鲛鱼、石斑鱼、海胆、海参、对虾、夜光螺及五颜六色的热带鱼一起构成了神奇的海底世界。极目远眺，烟波浩渺，海天一色。

蜈支洲岛的海上运动非常丰富。直升机不停地盘旋在上空，要把美丽的海岛看够；深海潜水入海底，探索着海底世界的无穷奥秘，吸引着众多的潜水爱好者；游艇破浪而进，激起阵阵浪花，让人惊奇不已；而最多的还是在洁白的沙滩上游玩的人，人们在沙滩上嬉笑玩耍，观赏海岛的美丽风光，在椰风的吹拂中，仔细品味着海岛的海鲜，品尝着咖啡的浓香，体会着喝茶饮酒的快乐。而岛上唯一的珊瑚酒店，宾客如云，一点也没有仍处在疫情时期的感觉。

蜈支洲岛，是南海的明珠，三亚的瑰宝，是度假的胜地，是结婚的好去处，是海上的乐园，是观海的最佳处，是快乐旅游的目的地。

2021.2.15

在三亚过年

在三亚过年，是一个好的选择，三亚有很多特点，吸引着越来越多的人们前往。

第一个原因，是适宜的气候。在三亚的 8 天时间内，气温都在 18—20 度左右，比成都的气温高出 10 度左右，这是一个非常宜人的温度，这个温度如同成都的秋天，非常凉爽。

第二个原因，是玩耍的地方多。三亚可去的地方很多，大东海、天涯海角、三亚湾、亚龙湾、三亚千古风情、南海观音、蜈支洲岛、免税商店、航海、亚特兰蒂斯等，这里有碧海蓝天，这里有风情万种，这里有奇妙的景色，这里气象万千。

第三个原因，三亚是购物的天堂。三亚现在是离岛免税，这里品牌云集，这里商品丰富，价廉物美的商品，一流的购物环境，是理想的旅游购物天堂，有很大的吸引力。

第四个原因，三亚有洁净的空气。三亚的空气最洁净，这里海阔天空，这里碧海蓝天，这里晴空万里，这里阳光明媚，这里有最洁净的空气，这里有最纯净的海水，这里有最优美的环境，三亚是养生的好地方。

第五个原因，三亚有味美的海鲜。三亚的海鲜，品种多，味道鲜，价格合理，在三亚品尝海鲜，是人生一种莫大的享受，

是在内地无法感受到的。

在三亚过个年，洗去一路的风尘。在三亚过年，消除一年的疲惫，让疲惫的身体得到充分休息，让生命注入新的活力，让生活扬起新的风帆。

在三亚过个年，焕发新的斗志。在三亚找到新的感觉，在三亚发现新的未来。在三亚，静下来好好想一下，未来的路该怎么走，未来的旗该怎么举，未来的蓝图该怎么画。在三亚，焕发新的斗志，在三亚，在新的一年再出发。

在三亚过个年，体验海岛风情。海岛风光无限，海岛是自然美的代表，摇曳的椰树，轻拂的海风，细软的沙子，碧波的海浪，这是自然美的象征，海岛的风情，给你的生命增添新的

风采。

在三亚过个年，享受天伦之乐，增添节日气氛。与亲人相聚，与朋友相会，这个春节格外有意义。浓浓的亲情，让你享受难得的天伦之乐，而朋友们热烈的情感，弥补着平日交流的不足。亲情、友情，让节日的喜庆更烈，让节日的情感更浓。

我们还要再来三亚，因为这里有我们的家；我们还要再来三亚，因为这里有明媚的阳光，有让人难舍的沙滩。这里有让人难忘的歌声，这里有我们永远向往的景色，这里有千古永恒的风情。

再见，三亚！

2021.2.18

山城夜色美

响应国家有序恢复旅游的号召，我们在清明假期出去短游，第一站就来到山城重庆。从成都到重庆最快的高铁，只要一个小时，真是太方便了。

在重庆，自然不能不吃火锅，重庆火锅比成都火锅更加麻辣，更加过瘾，但每次吃火锅对肠胃都是一个大考验。吃过火锅后，我们来到朝天门码头。

重庆坐拥长江三峡这个钻石级旅游资源，每年接待旅客达千万人次，为了满足长江三峡旅游市场的巨大需求，朝天门几大码头上停满了各式各样的独资、合资万吨级长江游轮。

夜晚，山城的码头是忙碌的。夜晚，朝天门码头非常热闹，各种游轮你来我往，朝天门码头显得很忙碌。万吨级的大游轮准备远程航行的启航准备，而小游艇则穿梭在江面上，人们观赏着山城美丽的夜景。忙碌的码头，穿流不息的人群，反映了旅游业的强劲复苏，反映了人们对旅游的强烈需求，反映了国

内对疫情的有效控制，反映了人们对幸福生活的强烈渴望。

夜晚，山城的夜景是美丽的。现代化的建筑群，壮观的来福士广场成为朝天门码头标志景观，山城旧貌换新颜。

霓虹灯耀，两江奔流，山城夜景独美；一桥飞架，贯通两岸，天堑变通途。现代建筑，古城春色，交相辉映为一体；历史沧桑，山城新貌，今日中国最美。

我们在朝天门码头起航，开启新的航程；我们在朝天门出发，出发时朝霞满天。

2021.4.2

鬼城丰都

昨晚，我们乘长江黄金六号游轮，开启了宜昌游的行程。晚上，在平静的长江水上航行，由于旅途的疲惫，在游轮轻轻的晃动下，我们很快就进入了梦乡，一觉醒来，游轮已停靠在宜昌游的第一站——鬼城丰都，我们早饭后下船，在丰都停留了三个小时。

丰都鬼城旧名酆都鬼城，古为“巴子别都”，东汉和帝永元二年（90）置县，距今已有近2000年的历史，位于重庆市下游丰都县的长江北岸，是长江游轮旅行途中的一个观光胜地。

丰都鬼城又称为“幽都”“鬼国京都”“中国神曲之乡”。鬼城以各种阴曹地府的建筑和造型而著名。鬼城内有哼哈祠、天子殿、奈何桥、黄泉路、望乡台、药王殿等多座表现阴间风格的建筑。

鬼城丰都，到处都是鬼神故事。对于丰都的鬼神有两种不同的释义，一是鬼就是神，借助于鬼神的力量，寄托哀思，帮助人们实现目标；二是鬼就是敌，打鬼，打掉形形色色的敌人，恢复人间正气。

鬼神历来不可分，人们借助于鬼神的力量，祈祷风调雨顺，保佑人们平安，这是我们最常见的。同时人们也借助于鬼神，寄托各种哀思。

鬼城丰都，有钟馗的影子。“为了打鬼，借助钟馗”，钟馗，道教俗神，专司打鬼驱邪。中国民间常挂钟馗神像辟邪除灾，从古至今都流传着“钟馗捉鬼”的典故传说。人们借助于

钟馗，捉住各色各样的鬼，除去邪恶，匡扶正义，拨乱反正，扫除黑暗，恢复历史的本来面貌。

鬼城丰都，充满神秘的魅力。丰都，没有因为三峡大坝的修建而把景区毁掉，而是所有历史景点都得到了有效保护。特别是随着三峡新航道的开辟，丰都成为三峡游的第一个新的美丽景点。

鬼城丰都，绿色休闲之地。这里湖光山色，江水浩荡，青树挺拔，绿色满山，空气清新，人们在这里欣赏美丽的自然风景，呼吸着清新的空气，倾听着这千年永续的鬼神故事，隔不断的是永恒的人鬼情。

“去时黄泉路，回来光明道。进出鬼门关，谈笑凯歌还。”丰都之旅，是人生旅游的一种新的经历，是人生路上新的风景。

2021.4.3

烽烟三国忆往事

我们的游船在今天下午抵达宜昌游的第二站——重庆忠县。晚上我们船上的 100 多人（全船 360 多人）下船，在忠县停留三个小时，前往忠县烽烟三国风景区观看大型山水实景演艺剧《烽火三国》，这是一个自选自费项目，报名的游客超过 50 人就可以成行，我们有 100 多人报名，超过了最低限，因此能成行。因为事先知道这个剧的精彩，所以我们对这个节目充满期待，这也是这次三峡游的重头戏。

忠县位于重庆市中部、三峡库区腹心地带，距离主城 210 公里。唐贞观八年（634）唐太宗赐名忠州，民国二年（1913）设忠县，是中国历史上唯一以“忠”字命名的州县城市。忠县，幅员面积 2187 平方公里，人口 102 万。忠县为全国文明县城、国家生态文明先行示范区、获得过“中国最具国际影响力旅游目的地”。

烽烟三国景区位于三峡国际旅游度假区车溪湖畔，距忠县县城 7 公里，占地 600 亩。景区北靠方斗山脉，左傍天子山，右依翠屏山，景区分魏、蜀、吴三国。

大型山水实景剧《烽烟三国》以万里长江为背景，三峡港湾为舞台湾，忠义化身关羽为主人公，忠义文化为灵魂，是具有国际水准，极富冲击力和震撼力的演艺精品。

我们走进露天的演艺剧场时，屏幕上显示，这是第 1071 场，由此看来这个剧已经持续演了 3 年多了，可谓长盛不衰，极受欢迎。因此我们怀着急切的心情，期待节目的开始。节目以极具震撼与冲击力的场面开始，以完美无瑕谢幕，65 分钟的精彩节目给我们留下了非常难忘的印象。

一是主题集中。主要集中表现忠义化身的关羽，突出忠义

文化，通过桃园三结义、单刀赴会、千里走单骑、水淹七军等《三国演义》中的经典故事，展示关羽义薄云天的千古忠义豪气，让人引起强烈的共鸣，同时也与忠县的文化与地位相吻合，因为忠县是中国历史上第一个以“忠”字命名的周县城市。该剧将关羽对刘备的君臣之谊、兄弟之情，表现得淋漓尽致。关羽对一代奸雄曹操那种英雄相惜、剪不断理还乱的情怀、几次在生死关头之间的选择，在情义之间的艰难平衡，成为千古佳话。曹操评价关羽：“事君不忘其本，天下义士也。”关羽因此成为中国历史上忠义的化身，千百年来一直为大家传颂。

二是战争场面气势磅礴，震撼人心。剧中以真实盛大的场面展示了三国中人们熟悉的经典战争如赤壁之战、水淹七军等。气势磅礴的战争场面，让人们仿佛身临其境，马蹄声声，擂鼓鸣金，这鼓声、这马蹄声震撼人们心窝，似乎又回到了那个群雄纷争的三国年代，回到那个令人神往的岁月，回到那个英雄辈出的乱世。

三是舞台设计现代多变，超出人们想象。舞台设计是大手笔，其壮观的场面，多变的舞台，多样的组合，闪耀的灯光，让你目不暇接，使你以为进入了一个真实的世界，使其完全可以与《文成公主》《三亚千古情》等著名大剧相媲美，也胜过不少其他的大型实景剧，成为文艺艺术的精品与典范，成为忠县文化创新的楷模，成为忠县吸引游客的一大动力。没有大手笔，没有大视野，没有大投资，完成不了这样的大制作。

忠义，是千百年来人们离不开的主题，直到现在并在未来，都有意义。对党忠诚，对祖国忠诚，对组织忠诚，对事业忠诚，对企业忠诚，对客户、对战友、对同事真诚，都是我们基本的为人之道、立业之本，而弘扬关羽的忠义精神，直到今天仍然具有历史与现实意义，《烽烟三国》的意义正在此。

2021.4.3

白帝城里彩云飞

今天上午，我们来到了游船停留的第三站——白帝城。

西汉末年，公孙述据蜀，在山上筑城，因城中一井常冒白气，宛如白龙，便借此自号白帝，并名此城为白帝城。公孙述死后，当地人在山上建庙立公孙述像，称白帝庙。

刘备兵败东吴后，在白帝城将国事、家事托付给诸葛亮，白帝城因此而闻名于世；唐宋以来，李白、杜甫、刘禹锡等著名诗人在这里留下大量优秀诗篇，因此，白帝城又称为“诗城”。

在三峡工程实施后，白帝城就成为一个孤岛。白帝城，岛虽小，但文物古迹多，自然景色美，这里可以观看天下最美的景色——夔门，这里可以感受李白的豪情诗篇《早发白帝城》“朝辞白帝彩云间，千里江陵一日还。两岸猿声啼不住，轻舟已过万重山”的深远意境，可以感受杜甫悲壮诗篇《登高》“风急天高猿啸哀，渚清沙白鸟飞回。无边落木萧萧下，不尽长江滚滚来。万里悲秋常作客，百年多病独登台。艰难苦恨繁霜鬓，潦倒新停浊酒杯”的悲壮之情。

李白的《早发白帝城》这首诗写于唐乾元二年（759）春天，那时候的大唐已经不复盛唐了，安史之乱让整个大唐王朝由盛转衰，而李白也在此期间被流放南下，当他途经白帝城的时候，得知自己被赦免的消息，悲喜交加，当即决定前往江陵（今湖北荆州），于是就是在这样的情况下，李白写出了这首千古不朽的诗篇。“千里江陵一日还”，是李白在一千多年前的深刻比喻与形容，也是对现在的科学预测，如今我们乘着现代游轮，实现了伟大诗人李白一千多年前的预言，实现了“千里江陵一日还”的目标，我们从内心深感李白的伟大与远见。

8 年之后，大唐进入了平淡的中期，再也不复了当年的盛况，时年 56 岁的杜甫，在白帝城外的一处高地写下了一首《登高》，那时候杜甫身边没有知己，没有朋友，一股股孤独感四面袭来。杜甫听见了瑟瑟的秋风在吹奏，听见了树上猿猴的啼叫，看见河洲上面有白鸟在不停地回旋，看见树叶萧萧落下，也看见河水滚滚而来。以前纵然有千万种苦，如今连喝酒都阻挡不了这份愁，放下了手中的杯酒。这首诗，虽然悲壮，同样成为千古一绝的诗篇。豪迈，能出好诗；悲情，也能催生佳作。一切伟大的作品，都是因情而催，因景而生，因思而新，因深而远。

白帝城，因李白、杜甫这两个伟大诗人的这两首不朽诗篇而闻名，因此白帝城成为中国名副其实的诗城。

白帝城还是刘备托孤之地，这里因此成为蜀国的要地。这里有白帝庙，供奉着刘备与诸葛亮的塑像。

这里有着浓浓的三国氛围，有着深深的巴蜀情结。

这里是长江三峡的入口处，站在白帝城，登高望远，美丽的三峡开始展露出她迷人的风光景色，让人深深陶醉，李白、杜甫的激越诗篇在响彻千年后依然光芒四射，显示出蓬勃的生命力；而三国时期的铁戈金马仿佛就在眼前。

2021.4.4

夔门天下雄

站在白帝城，可以清楚地看到夔门的全景，夔门的景色雄伟而美丽，是三峡景色的一绝，这个景被用作十元人民币的背面。我们在夔门留下了很多照片，留下这美丽的瞬间。

瞿塘关，又名夔门，位于奉节县瞿塘峡夔门山麓，是古代东入蜀道的重要关隘，自秦汉以来都是兵家必争之地。两岸高山凌江夹峙，是长江从四川盆地进入三峡的大门。因水势波涛汹涌，呼啸奔腾，令人心悸，素有“夔门天下雄”之称。

汉时在此置江关都尉。东汉建安十九年（214），刘备攻打广汉未克，诸葛亮与张飞、赵云等率军自荆江逆江而上，占领此关，遂克巴东，后被蜀汉视为重镇。历代要取巴蜀，必先取得此关。

夔门，在巍峨壮丽的白帝城下，是出入四川盆地的门户。杜甫在一首诗中写道："白帝高为三峡镇，瞿塘险过百牢关。"从白帝城向东，便进入长江三峡中最西面的瞿塘峡。它包括风箱峡和错开峡两段水峡，从白帝城到巫山县大溪镇（黛溪镇），全长约 8 公里，在三峡中最短，却最为雄伟险峻。

陈毅同志"三峡束长江，欲令江流改。谁知破夔门，东流成大海"这首气势磅礴的诗句，对夔门作了深刻描绘，而郭沫若的"岸崖又壁立"诗句，形容夔门就像巍然屹立在江面上的巨大闸门。

夔门的山岩上镌刻着“夔门天下雄”五个大字。杜甫在《长江》一诗中写道：“众水会涪万，瞿塘争一门。”咆哮的江流穿过迂回曲折的峡谷，闯过夔门，呼啸而去。

夔门的雄，其一是因为这里是长江从四川盆地进入三峡的大门，形成了一个急缩的江水汇流，波涛汹涌，奔腾急；其二是因为这里峡谷林立，悬崖陡峭，充满险峻，是入蜀的重要关隘。

夔门的秀，其一是因为长江进入三峡后，河道变宽了，水变清了，变美了，绿水青山，江宽天阔，蓝天白云，江水美如画。其二是因为陡峭的崖壁与关隘形成一道独特而美丽的风景线，是一幅堪称最美的山水画。

夔门，雄中有美，美中有雄，雄美双飞，雄美兼有，是三峡风景的一幅亮丽而又无比壮美的图画。

2021.4.4

三峡大坝

4 日晚 12 点，长江黄金六号游轮停靠秭归（伟大诗人屈原的故乡）港，今天一早我们离开长江黄金六号游轮，结束了这美好的三夜两天的快乐游轮生活。

我们离开长江黄金六号游轮后，换乘新游轮，路经三斗坪镇，这是三峡大坝所在地，有着“三峡画廊”之称，位于西陵峡畔，风光美丽。

然后我们进入三峡大坝的三峡升船机航道，亲身感受这世界上最大的升船机的神奇魅力，通过升船机，通过雄伟的三峡大坝，进入三峡大坝的下游。

建设三峡升船机的原因是三峡双向船闸的设计通过能力为1亿吨，普通船舶平均待闸时间近4小时、危险品船舶则超过5小时，下行船舶最长待闸时间达34小时。旅游船难以等候，多在宜昌转运乘客。三峡枢纽通过能力不足与日益增长的长江上下游水运量之间的矛盾愈加突出，而升船机只要40分钟就可以解决这一问题，非常便捷。

三峡升船机是由武船集团制造的，三峡升船机承船厢可载3000吨级船舶，最大爬升吨位高达1.55万吨，最大爬升高度

113 米。而三峡升船机主体工程土建与部分设备安装工程，由葛洲坝集团三峡建设工程有限公司历时 6 年半建成。听讲解员说，主要是通过考察德国的实例，最终决定采用了齿轮传动技术而非卷扬技术，从而确保了升降船的绝对安全平稳升降。目前，三峡升船机的水平在世界处领先地位，这充分体现了三峡工程的大国重器地位。

在三峡，有着“小船乘电梯，大船爬楼梯”的说法，小船就是指客运轮船，通过提升机直上直下，而大型货轮则通过“五级船闸”，顺序逐次通过。这样双向“五级船闸”与具有升降功能的升船机并用，大大缓解了通过三峡枢纽的压力。

三峡大坝，位于湖北省宜昌市三斗坪镇境内，距下游葛洲坝水利枢纽工程 38 公里，是当今世界最大的水利发电工程。

三峡水电站的主体工程是三峡大坝旅游区的核心景观，位于三峡水库的东端。

三峡大坝工程包括主体建筑物及导流工程两部分，全长约3335米，坝顶高程185米，工程总投资为954.6亿人民币，于1994年12月14日正式动工修建，2006年5月20日全线修建成功。三峡水电站2018年发电量突破1000亿千瓦时，创单座水电站年发电量世界新纪录。

我们上岸后，乘景区专用车先到坛子岭，那里有三峡大坝基石与勘察点的标志，这里可以看到三峡大坝的全景。后又到185平台，在那里就更接近三峡大坝了，可以更加清楚地看到三峡大坝的全貌了。

从三峡集团提供的数据看，现在的三峡水电站具备很多重大功能，发挥着以下一些重大作用：

一是发电功能。2014年，三峡水电站全年的发电量为988亿千瓦时，超过伊泰普水电站，创造了单座水电站年发电量的新的世界纪录，2015年，三峡电站全年未出现弃水，水资源的利用率首次达到100%。

二是提升了长江航道的通航能力。三峡水库形成后，极大改善了长江上游航运里程约660公里，同时降低了运输成本。每千吨公里年均油耗由蓄水前的7.6千克下降到2.0千克。三峡在枯水期向下游补水，平均增加航道水深约1米，提高了下游航道通船标准及船舶航行标准。2015年，三峡船闸通过闸货运量首次双线均突破5000万吨，过闸货运总量1.11亿吨，再创历史新高。

三是三峡水库防洪效益显著，防洪库容221.5亿立方米，可为长江中下游1500万人和150万公顷土地提供安全屏障。2012年汛期，三峡工程成功抵御4次超过5万立方米/秒的洪峰，经历了建库以来71200立方米最大洪峰考验，保证了长江安澜。2015年，三峡水库连续6年成功蓄水至175米。向下游补水效益明显，试验性补水以来，平均补水期为139天，年平均补水量为157.6亿立方米。

四是带动了库区发展。三峡工程的建设，重新安排与规划了库区的建设，通过移民与重新安置，使库区人民的生活得到根本性的改善，同时文物统一保护，集中安放，也提高了文物的利用价值。

五是推动了旅游。现在以三峡为中心的旅游区正在形成，优美的自然风光吸引着游客，繁荣的旅游带动了经济，旅游带动了本地特产的外销，带动了市场的繁荣，推动了三峡地区经济的发展，现在旅游已成为三峡地区经济发展的强大引擎。

2021.4.5

高峡出平湖

参观了宏伟壮观的三峡大坝，对三峡的功能有了充分的了解，感悟三峡工程决策的不易，为了充分理解毛主席“高峡出平湖”的伟大设想，查找了资料，了解三峡工程决策的始末，其中一篇《三峡工程决策始末：毛主席曾定十字方针》文章比较全面地回顾了三峡工程的决策始末，文章由凤凰网转自中国共产党新闻网（2010 年 10 月 11 日），现摘要一部分：

三峡工程是我国有史以来最大型的工程项目，而由它引发的移民、环境等诸多问题，使它从开始筹建的那一刻起，便始终与争议相伴。西起四川奉节白帝城，东至湖北宜昌南津关的长江三峡，全长192公里，它蕴藏着丰富的水能资源，同时又是长江防洪的关键所在。

文章说，最早提出长江三峡设想的是民主革命先驱、中华民国创始人孙中山先生，他在民国初期，就在《建国方略》里预想要建设三峡工程，但那时中国根本无力建设这样浩大的

工程。

1949 年夏，适逢人民解放军南下挺进湘、鄂之际，遭遇一场特大的长江洪水灾害。长江水利委员会于 1950 年提出兴建荆江分洪工程计划，获中央批准，两年后就建成了一座长达 1504 米的荆江分洪大闸，对长江防洪起到一定的作用。

毛主席于1953年2月在湖北视察期间，特地在武汉登上“长江轮”，亲自考察长江防洪，听取了长江水利委员会关于修建一系列水库的建议。一时间，三峡问题引起了国人的普遍关注。林一山在《中国水利》1956 年第 5 期、第 6 期上发表了《关于长江流域若干问题的商讨》一文，指出“长江流域规划中必须首先解决防洪问题”，“三峡是防洪性能最好的地区……三

峡水库可以根本解决中下游平原的水灾”；以 235 米蓄水位计，三峡工程可以改善川江航道，使万吨巨轮终年通航于长江之上，可以装机 2300 千瓦，每年可发电 1500 亿千瓦时。同年，毛泽东再次听取长江水利委员会关于三峡工程的勘测和科研工作汇报，并充分肯定了他们的工作成绩。7 月，毛泽东到武汉畅游长江时，写下了“更立西江石壁，截断巫山云雨，高峡出平湖”的宏伟诗句，以特有的方式表达了他对三峡建坝的憧憬和决心。

1958 年 1 月，在中共中央召开的南宁会议上，毛主席把三峡工程问题提上议程，让与会代表进行了正式讨论。

以后在不断的争论与实践中，人们对三峡工程的建设逐渐趋于一致。葛洲坝水利枢纽位于湖北省宜昌市境内的长江三峡末端河段上，距离长江三峡出口南津关下游 2.3 公里。它是长江上第一座大型水电站，也是世界上最大的低水头大流量、径流式水电站。1971 年 5 月，在没有充分准备下仓促开工兴建，1972 年 12 月停工，在进行复杂技术充分准备后，由中央提名的林一山主持，于 1974 年 10 月复工，1988 年 12 月全部竣工。坝型为闸坝，最大坝高 47 米，总库容 15.8 亿立方米。总装机容量 271.5 万千瓦。葛洲坝工程建成投产后，仅水力发电一项一年内创利税就达到工程投资数的总和。同时葛洲坝工程的建设，在经验、技术、资料、信心与人才方面，已经为三峡工程

做了充分的准备。

三峡水电站，即长江三峡水利枢纽工程，又称三峡工程，位于湖北省宜昌市境内的长江西陵峡段，与下游的葛洲坝水电站构成梯级电站。

三峡水电站是世界上规模最大的水电站，也是中国有史以来建设最大型的工程项目。而由它所引发的100多万移民搬迁、环境、文物保护等诸多问题，使它从开始筹建的那一刻起，便始终与巨大的争议相伴。

1992年4月3日，第七届全国人大第五次会议以1767票赞成、177票反对、664票弃权、25人未按表决器，通过《关于兴建长江三峡工程的决议》，1994年正式动工兴建，2003

年 6 月 1 日下午开始蓄水发电，于 2009 年全部完工。

三峡水电站大坝高程 185 米，蓄水高程 175 米，水库长 2335 米，静态投资 1352.66 亿元人民币，安装 32 台单机容量为 70 万千瓦的水电机组。三峡电站最后一台水电机组于 2012 年 7 月 4 日投产，这意味着，装机容量达到 2240 万千瓦的三峡水电站，2012 年 7 月 4 日已成为全世界最大的水力发电站和清洁能源生产基地。截至 2018 年 12 月 21 日 8 时 25 分 21 秒，三峡工程在充分发挥防洪、航运、水资源利用等巨大综合效益前提下，累计生产 1000 亿千瓦时绿色电能。

站在宏伟的三峡大坝上，回顾三峡工程建设走过的曲折道路，不禁浮想联翩，心情久久不能平静：

其一，葛洲坝工程是在国家动荡的年代开始建设的，那时国家的政治不稳定，国内外都面临十分复杂的形势，经济也落后，生活很艰苦，正是在这样的条件下，毛主席与党中央决定修建葛洲坝工程。而更大规模的三峡工程的建设，也是在 30 年前进行，当时中国的国力也不够强大，而且也有种种反对声，但党中央下决心了，获得了巨大成功。

其二，三峡工程的分步建设，即先建葛洲坝工程，再建三峡工程是完全正确的。分步建，这样可以逐步积累经验、积累技术、积累资料、培养人才与树立信心，可以规避可能发生的重大风险，确保人民生命财产的安全，确保工程项目的成功。

其三，毛主席以伟大领袖与伟大诗人的豪迈气概，早在 1953 年就在武汉首提建三峡水库，1956 年更是在《水调歌头·游泳》中写下“更立西江石壁，截断巫山云雨，高峡出平湖。神女应无恙，当惊世界殊”的豪迈诗句，提出“高峡出平湖”的

伟大设想。在毛主席老人家的有生之年，处在如此艰难环境，遇到的困难无法胜数，但都没有改变他修建两坝的宏伟设想，没有改变这一坚定的决心，领袖与诗人的伟大就在于此，到如今我们更加深深敬佩毛主席的宏大魄力。

其四，重大问题允许争论，但集中大多数人意见后，还要果断实施。关于三峡工程的争论直到今天也没有停息，但两害取其轻、两利取其大，这个原则不能变，三峡工程的伟大成功，带给国家与人民多方面的益处，三峡工程的光辉必将永载光辉史册，而存在的问题绝大多数得到创造性的解决。

其五，我们的国家制度最大的优势是能集中力量办大事。

我们在经济实力不太强大时，能建成葛洲坝与三峡大坝，今天我们如此强大的国力，一定能实现“可上九天揽月，可下五洋捉鳖”，办成更大的事，关键是我们的决心与选择的方向。

“大江东去，浪淘尽，千古风流人物。”苏东坡豪迈的诗句响彻耳边，在建设葛洲坝工程、三峡工程中做出正确决策的领袖与千百万建设者，是千古风流人物，必将永载史册，为后人所缅怀。

2021.4.5

巫山小小三峡

我们今天下午到达巫山港，巫山县是重庆最东部的县，再过去就是湖北界了。巫山县位于重庆市东部，处三峡库区腹心，素有“渝东北门户”之称。地跨长江巫峡两岸，东邻湖北巴东，南连湖北建始，西抵奉节，北依巫溪。巫山县面积 2958 平方公里，人口 65 万人，15 万人在城区，其余 50 万人都在山区。

到达巫山港后，我们从游轮换乘当地游船，在小三峡里航行一个小时，来到了著名的 5A 级风景区——小小三峡，然后再换乘乌蓬船，畅游美丽的小小三峡。

巫山小小三峡在大宁河滴翠峡处的支流马渡河上，是长滩峡、秦王峡、三撑峡的总称。巫山小小三峡被誉为全国最佳漂流区。小小三峡是大宁河小三峡的姊妹峡，全长 15 公里，因比大宁河小三峡更小，故名“小小三峡”。

巫山小小三峡因其水道更为狭窄，山势显得尤为奇峻，峡谷愈发幽深。原来这里是著名的漂流地，漂流的时间要一个多小时。后来修三峡大坝淹没了很多漂流地，这些漂流地变成了狭窄而美丽的河流。一趟乌蓬船来回小小三峡，需要 40 分钟。

小小三峡内，奇峰多姿、山水相映、风光旖旎，两岸悬崖对峙，壁立千仞，河道狭窄，天开一线，船行处时常出现“山塞疑无路，湾回别有天”的奇妙景象，河道曲径通幽，柳暗花明，新路常突现。

舟行其间，清澈的湖水泛着碧绿，清澈见底。两岸风光无

限，满目苍翠。我们在船上，近距离接触这小小三峡，接触这美丽的大自然，有一种返璞归真，拥抱大自然的感觉。

船工唱着山歌，导游介绍着两岸的风光，而我们则是走出船舱，走上船头，观看两岸美丽的风光，呼吸着清新的空气，着簑衣，戴草帽，撑竹竿，体会着乌蓬船工的劳作，留下这快乐的瞬间。

沧海巨变，随着三峡工程建设的成功，改变了整个三峡的命运，改变了三峡库区的面貌，三峡库区交通的全面改善，三峡库区文物的全面保护，使三峡比过去更美丽、更富饶，党的扶贫政策在三峡全面落实，使三峡地区全面脱贫。我们深信，三峡库区明天更加美好，小小三峡的变化只是三峡库区旧貌变新颜的一个缩影。

“曾经沧海难为水，除却巫山不是云”，这是唐代著名诗人元稹的著名诗篇，也是巫山神女峰美景的真实写照，我们游轮经过神女峰时，大风正起，但大家仍然热情不减，拥上船头，争看这神女之峰。只见神女峰在云雾中显现，与云端相连，印证了诗人这一名句。

“神女应无恙，当惊世界殊。”毛主席的光辉诗篇就刻在神女峰下面的崖壁上，至今仍然鼓舞着我们，神女看到今日中国的巨变，必定为之惊喜与欣慰。

2021.4.4

车溪风景区

我们离开三峡大坝后，决定在宜昌停留，第一个景点就选择了车溪民俗风景区。

车溪民俗风景区位于宜昌市江南土城乡境内，距离市区18 公里，这里民俗文化兼具有巴人和楚人的特色，风景区内主要以田园风光和土家民俗文化为特色，是国家 4A 级旅游景区，新三峡十景之一。

车溪民俗风景区由车溪老街、农家博物馆、水车博物馆、人民公社旧址馆、天龙云窟等景点组成，车溪民俗风景区是湖

北三峡地区唯一的民俗旅游区。

我们首先来到了三峡水车博物馆。

三峡水车博物馆是全国第一家以水车为主题，动态展示水车演变史的博物馆。

中国的五大农书对我国水车的发展历程进行了详细的记载，其中 6 世纪后魏贾思勰所著的《齐民要术》对中国古代水车进行了最早的介绍，是水车体系的奠基者。元代王祯的《农书》图文并茂，对水车的记载最系统。

水车的作用在不断变化中。最早的水车主要是提升、引水用于农田灌溉。以后又将水车作为一种推动力，用于农产品加工的设备。先发明水碾，即用一个水轮带动一个碾轮，后来发展到一个水轮带动多个碾轮。以后又发展水轮带动轮轴或齿轮传动，再逐步发展成为风力水车等。水车有多种形式，桔槔、水碓、翻车、脚踏翻车、水轮翻车、风力水车等。

我们在水车博物馆参观，了解水车的历史，也亲身体验不同时代使用的水车，感悟农业科学技术发展的不易，更加珍惜我们今天拥有的一切。

从水车博物馆出来，我们来到车溪老街。车溪老街位于点军区土城乡车溪土家村，以清江边消失的土家古镇为蓝本，是车溪景区内对接现代文旅概念打造的具有土家民族特色的旅游产品，目前正在建设中。

走进车溪老街，我们参观了已经建成的土司府、农耕文化博物馆、民间手工艺馆、中华第一碾等，并在车溪大舞台观看了演出。

土司制度是元、明、清中央王朝在西南少数民族地区实施

的“以夷制夷”的制度。元、明、清时期，仅土家族地区就建立了从宣慰司到长官司等级不同的大小土司50多个。车溪老街的土司府，依据文献记载和保留下来的土司府遗址，高度还原了当时土司府建筑的全貌，并展示了土司的奢华生活，是了解土司历史的一个很好的参观点。

步行在车溪老街上，两旁的店铺都有浓浓的时代印记，工艺品、农耕文化展、特色商品等琳琅满目，让你不得不停下来，仔细看一看，满意的商品就当场买下来。老街上展示的中华第一碾是中国迄今为止发现的最大的横碾，碾盘直径1.7米，碾台直径为4米，由麻谷石打造。

在车溪大舞台观看由当地艺术学校表演土家族风情的演出，这是一种文化享受。浓浓的土家族文化气息，多彩的服装，生动的情节，通俗的故事，精彩的表演，欢乐的氛围，轻松的演出，青春的活力，让你置身在一种欢乐的环境中，使你深刻感受到土家族文化的魅力。这既是一场演出，更是一场高水平的土家族文化的展示，看了节目，你就更加深切地体会到土家族人的能歌善舞。

青山绿水，小桥流水，老码头，土司府，钟鼓楼，土家建筑，民间工艺品，历史文化，大舞台等，这一切都是车溪老街的特点，这一切都在高度还原百年前这里的古貌。正在建设的车溪老街更美，这是一幅美丽的土家族版的“清明上河图”，车溪老街全部建成后，将成为土家族民俗文化最好的展示区。

2021.4.5

石牌保卫战

我们从宜昌去三峡人家的途中，乘游船经过石牌要塞，这里是石牌保卫战的遗址。1940 年 5 月到 6 月进行的石牌保卫战，在抗日战争中具有重要的历史地位。

在三峡大坝和葛洲坝之间的石牌弯道一直是长江上著名的急弯航道。航道弯曲半径仅 780 米。汛期时，石牌弯道水域水流湍急，船舶航行条件恶劣。

1937年，中国军队在淞沪会战中失败，12月南京失守。1938年10月，日军侵占武汉市，国民党中央机关被迫迁都重庆，险峻的长江三峡成为陪都重庆的天然屏障。石牌离宜昌城约20公里，在日本侵占宜昌后，石牌便成为守卫陪都重庆的第一道门户。石牌的战略地位极为重要，当时从湖北到四川还没有一条可以通车的路，少有的羊肠小道也是险峻万分。高山大岭阻断了日本陆军西进的势头。日军进攻重庆的目标不会放弃，而打通长江必须要占领石牌，石牌这个当时不足百户的小村，成为广阔的中国战场最关键的要塞。

石牌保卫战中：中国军队投入15万人，其中十八军十一师在师长胡琏的带领下死守石牌，日军投入10万兵力，战斗从1940年5月23日开始，到5月31日中国军队胜利，6月初正式结束。日军共伤亡25718人，损失飞机45架，汽车75辆，船艇122艘，中国军队仅伤亡了一万余人，以小的代价，取得大的胜利。这场战争的胜利，粉碎了日军西进的企图，阻止了日本铁蹄肆无忌惮的蹂躏，鼓舞了全国抗战的士气，保卫了陪都重庆，是抗日战争走向胜利的一个关键转折。

如今，战争的硝烟已经散去，和平的阳光照耀着三峡两岸，如今的石牌要塞是5A级风景区的参观景点，人们来这里追忆历史，缅怀英雄，观赏美丽的三峡风光，体会三峡人家的美丽，享受着幸福而自由的生活，但我们不能忘记历史，不能忘记过去，不能忘记这里曾经的激战，永远努力，保卫好这神圣的要塞，守卫这神圣的国土，让和平的阳光永远伴随着我们。

2021.4.6

三峡人家风光好

到了宜昌，三峡人家风景区是必去的地方。我们从驻地出发到景区门口，换乘景区汽车前往码头，再乘 20 分钟左右的游船来到三峡人家。

三峡人家风景区位于长江三峡中最为奇幻壮丽的西陵峡境内，国家 5A 级旅游景区，是一个文明的旅游胜地，这个风景区最大的特点是在葛洲坝与三峡大坝之间，是两坝夹一峡，因此构成了其独特的峡谷风光。

三峡人家依山傍水，风景如画：传统的三峡吊脚楼点缀于山水之间，久违的古帆船、乌篷船安静地泊在三峡人家门前，溪边少女挥着棒槌在清洗衣服，江面上悠然的渔家人在撒网打鱼，这些千百年来流传不衰的各种习俗风情在三峡风景区得到充分展示。

游览三峡人家景区，感受到“三峡”与“人家”的两个突出要素，围绕这两个要素打造，景区鲜明的特色给人留下深刻印象。

一是水上人家。一进入景区，首先来到了水上人家展示区。只见在大进溪水与长江的交汇处，几只大帆船迎风而立，小渔船撒开了渔网，“纤夫”在长江边喊着长江号子，再现当年长江航行的艰难而真实的时光。而一群渔家姑娘则在龙溪桥边载歌载舞，尽情展示她们美丽的风采，这让游客们耳目一新。

二是溪边人家。溪边人家是三峡人家的一个特色，溪边人家依山傍水，一半着陆，一半入水，在崇山峻岭中，青山绿水，小溪潺潺，很像诗人王维“空山新雨后，天气晚来秋。明月松间照，清泉石上流。竹喧归浣女，莲动下渔舟。随意春芳歇，王孙自可留”的诗境。农家女在溪边等候，增添了溪边人家的风景，这也吸引众多游客在这里驻足常留。

三是山上人家。山上人家是三峡人家的又一特色。峡江一带地势险峻，房屋多，三峡人家依山势而建，遇到高坎地势，则要立柱或筑墙，才能与正屋跑平合檐，故称“吊脚楼”。“吊脚楼”是三峡人家的必然选择，也是一道独特的风景。

三峡人家的景点还有很多，如石牌抗战纪念馆、灯影石、灯影洞、蛤蟆泉、杨家湾等。

特别是作为“长江三峡第一峡”的明月湾，更有特色。浩浩长江奔涌至石牌河段时，在这里向左急转弯 110 度，改向东去，形成一个巨大的月牙形，这就是明月湾，是“长江三峡第一湾”。船过明月湾，置身于游船之上，眺望远方江面，便会发现两岸连绵不绝的山峦仿佛阻塞了滚滚长江，但船进山退，路转峰回，旋即又豁然开朗。当年郭沫若先生在过石牌远眺第一湾时，写下了《过巫峡》：“山塞疑无路，湾回别有天。奇峰十二座，领袖万斯年。群壑奔荆楚，一溪定界边。船头已入鄂，船尾尚留川。”对明月湾做了如神般的生动描绘，让人印象深刻。

三峡人家确实美，这里是三峡风情的展示区，这里是三峡文化感受区，这里是三峡风光体验区，这里是三峡历史的保存区，很值得一看。

2021.4.6

悬崖餐厅

三游洞的对面，是号称世界第九大岩洞餐厅的放翁酒家。我们从三峡人家处回来，来到放翁酒家就餐，体会在悬崖餐厅就餐的感觉。

关于放翁酒家，还有一段历史传说与故事：陆游（1125—1210），字务观，号放翁，南宋著名爱国诗人。孝宗乾道六年（1170）入蜀途经夷陵（今湖北宜昌）赏奇探胜过三游洞。游性未尽，拾级而下，下牢溪旁见一小潭水甚奇，取之随山向北而上。见一洞，入之煎茶味甚美。取身带酒葫芦，村户中讨些土菜，品茶、饮酒、作诗，悠哉、乐哉，留下“囊中日铸传天下，不是名泉不合尝”（陆游《三游洞前岩下小潭水甚奇取以煎茶》）的诗篇。20 世纪 80 年代，长江三峡风景名胜区宜昌管理局将该洞架栈道与后洞相通，办酒店，取陆游其号，名放翁酒家。

沿着陡峭但安全感很强的崖壁栈道，我们进入放翁酒家。酒家规模很大，由岩洞大厅、岩洞包房、崖壁栈桥三部分组成，其中崖壁栈道在室外，空气好，可以观景，又感觉很安全，因此我们选择了崖壁栈道。

在悬崖餐厅就餐，首先的感觉是奇特。在悬崖峭壁上就餐，凭栏远眺，两面都是陡峭的悬崖，脚下就是涛涛不尽的江水，对面是 75 米高的惊险蹦极，旁边是陡峭的悬崖，这是一种从未有过的就餐环境，这是一种没有过的经历，新奇的一切，永远留在记忆中。

在悬崖餐厅就餐，空气清新，视野开阔，让你心旷神怡。山水如画，江水奔流，一片美好的山水风光。在历史的长河中，

历史人物都是匆匆过客，但他们的不朽精神却会与美丽的山河同在。

在悬崖餐厅就餐，你会想起陆游当年探游的情景，想起他留下的名诗名句。

创作总是要身临其境，才能写得深刻；创作总要贴近自然、深入生活才能找到真谛。陆游等古代杰出诗人，创作的千古诗篇至今仍然回响在我们的耳旁，重要的一点就是这些诗人一生都在路上，在颠沛流离的路上，在崎岖不平的人生路上，在遭遇不公被贬的途中，在与亲友不舍的离别中，在穷困潦倒与重病的生死边缘，也在与友人欢聚的欢乐时刻，在庆祝正义战胜邪恶的时刻，在梦想变真的时刻。

诗篇，就是诗人的难忘经历；诗篇，就是诗人情感的燃烧；诗篇，就是诗人激情的释放；诗篇，就是诗人品德意志的体现；诗篇，就是诗人灵魂的再现。

2021.4.6

三游洞

在宜昌，有一个一定要去的地方，这就是宜昌三游洞。三游洞风景区位于西陵峡外，距宜昌 10 公里左右。

三游洞的名字有两个典故，有前三游、后三游之分。前三游是指唐代诗人白居易、白行简、元稹三个人曾一同游过此洞，人称“前三游”；到了宋代，苏洵、苏轼、苏辙父子三人也一同来游过此洞，人称为“后三游”。三游洞因这些大诗人的发现、亲临与留下的不朽诗篇而充满传奇色彩，吸引着更多的人

慕名前往。

关于三游洞的来历，有这样的记载。唐宪宗元和十四年（819），平息“淮西叛乱”不久，白居易、白行简与元稹在各自奔赴新任驻所的途中，于三月初十夜偶然相遇于夷陵（今湖北宜昌），共叙离别之情，往返相送，攀悬崖，登峭壁，在三峡上二十公里北峰下，两崖相廞间，发现一个奇洞。他们探访奇洞，命名奇洞为“三游洞”。三人在洞中各赋二十韵古调诗一首，由白居易作序，称《三游洞序》，一并书于石壁，以兹纪念，亦供后来者登临共赏。白居易的《三游洞序》，围绕洞内、洞外、奇山、奇水、奇景，层层展开，集中描绘了“三游洞”这一绝胜境地的奇与美，是一篇绝美的散文与游记，留传于世，成为经典。

白居易（772—846），字乐天，唐代著名诗人，其先太原（今属山西）人，后迁居下邽（今陕西渭南北），曾任翰林学士，拜左拾遗，官终刑部尚书。白行简（776—826），唐代文学家，字知退，元和二年（807）进士，为校书郎。元稹（779—831），唐代著名诗人，字徽之，又号元九，河南洛阳人。贞元九年（793）以明经擢第，十九年（803）登书判拔萃科，与白居易共事，成为挚友。后应制举，历校书郎，左拾遗，监察御史，一生经历坎坷。

元稹于诗歌、散文、传奇诸体，均有建树，尤以乐府诗的成就较高，与白居易齐名，并称“元白”。二人文学观点相同，同为新乐府运动的倡导者，两人关系密切，情感深厚，分别时，常相互赠诗鼓励。

元和十年（815），白居易上疏，要求坚决镇压并捕杀暗刺宰相武元衡的元凶，得罪权贵，被贬为江州司马。元稹在通州听到这一消息，十分吃惊，立即抱病写了一首诗安慰白居易：

“残灯无焰影幢幢，此夕闻君谪九江。垂死病中惊坐起，暗风吹雨入寒窗。”而白居易虽在贬途中，也立即回了著名的《放言五首》奉和，其中之三写道：“赠君一法决孤疑，不用钻龟与祝蓍。试玉要烧三日满，辨材须得七年期。周公恐惧流言日，王莽谦恭未篡时。向使当初身便死，一身真伪复谁知？”这首名诗揭示了识人辨材的深刻道理，成为千百年来为人们传诵的经典诗句。

朱德同志写道：“一门三父子，都是大文豪。诗赋传千古，峨眉共比高。”这是对北宋著名文学家苏洵与两个儿子苏轼、苏辙的褒扬。三位大文豪，在唐元白始游三游洞后的240年——北宋嘉祐四年（1059）岁暮，过三峡游三游洞，都留下了宝贵诗篇，特别是苏轼应亭吏一再邀请，多次挥毫，写下赞美三游洞的光辉诗篇，苏辙也不止一次写下诗篇，后三游成为前三游的继续，成为中国诗坛的传奇佳话，成为国内所有景区独一无二的大文豪诗篇聚集奇观。

后来，大文豪欧阳修、黄庭坚、陆游等，也都在三游洞留下华丽篇章，三游洞成了诗词之洞，历史之洞，美丽之洞。

游览三游洞，眼前仿佛浮现元白三人当年在夷陵喜相逢的场面，体会到他们发现三游洞的激动与兴奋，感恩他们为三游洞写的序、命的名、留的诗，这些对后人提供了一个巨大的文学艺术的宝库，留下了一笔巨大的财富。

游览三游洞，回想起当年苏家三父子，他们意气风发，特别是年轻的苏轼，才华横溢，出类拔萃，诗篇豪情壮志胜过多少英雄豪杰，后三游成为文学诗坛的一个传奇。

游三游洞，感悟良多。欧阳修、黄庭坚、陆游等伟大诗人都在三游洞留下华丽诗篇。名胜要有名人至，名人要有名诗篇。诗篇流传千古远，代代相传成奇迹。

参观三游洞，心情起伏，不能平静，留下了一些诗，虽不压韵，但其中的意思能表达心情，特附后。

三游洞里风光幽　四篇

（一）

三游洞里风光幽，
名人笔墨历代有。
自然风光很美丽，
名人名诗更奇妙。

（二）

名人发现三游洞，
千年诗篇洞中响。
名胜还需名人至，
名人名诗传千古。

（三）

自从名人游三洞，
寻踪访胜接踵来。
留下千古文章在，
更有诗篇代代传。

（四）

文章千古传，
诗歌耳边响。
宜昌三游洞，
美名天下扬。

2021.4.6

船行千里一路歌

从成都到重庆，从重庆登上长江黄金 6 号游轮，经丰都鬼城、忠县、奉节白帝城、巫山等，跨过三峡大坝，到达宜昌，再从宜昌回到成都，来回 1000 多公里，船行 660 公里，可谓船行千里一路歌。

船行千里，是风光之旅。三峡好山水，一片好风光。从白帝城开始，三峡的水变清、变绿、变得让人不忍离开，三峡变得分外美。崇山峻岭，高山峡谷，云雾缭绕，绿水青山，水波荡漾，每一步前行都是风景，每一个风景都是美丽的，每一个美丽都是难忘的，风景这边独好。

船行千里，是诗歌之旅。三峡之旅，一路上是徜徉在诗歌的大海中。从奉节的白帝城开始，李白的“朝辞白帝彩云间，千里江陵一日还。两岸猿声啼不住，轻舟已过万重山”开始响彻耳边，而杜甫的“风急天高猿啸哀，渚清沙白鸟飞回。无边落木萧萧下，不尽长江滚滚来”也同时响起。白帝城不愧为中国诗城。路过巫山神女峰，云雾缭绕，风景独致，这时元稹的“曾经沧海难为水，除却巫山不是云”在耳边响起。千年之后，巫山神女峰还是这般云雾缭绕。在小小三峡，美丽的自然风景让你心里陶醉，而河道常出现的变化，又让你想起“山塞疑无路，湾回别有天”的诗句。到了宜昌三游洞，更是有白居易、白行简、元稹、欧阳修、苏洵、苏轼、苏澈、黄庭坚、陆游等大诗人的佳作云集。这些名人诗篇千年流传，永载史册，让人

流连忘返。诗仙李白，诗圣杜甫，也曾到过宜昌，留下不朽的光辉诗篇。三峡之旅，是一次诗歌文化的熏陶，是对大帅先贤们足迹的一次追寻，是一次难得的诗歌学习之旅。

船行千里，是知识之旅。过去对三峡工程的历史、作用了解得不清楚，通过实地考察，亲身感受到三峡工程带来的巨大变化，对三峡工程所具有的一系列功能有了更深理解，毛主席早在 1953 年就提出的建立三峡水库的科学设想，1956 年发出“高峡出平湖”的豪迈誓言。

船行千里，理解了幸福是奋斗出来的。这次亲身感受三峡升船机，真的为国人而骄傲与自豪。我国对三峡升船机的创新设计与制造原理上的突破，让我们充分感受到知识与创新的重要，我们在升船机设计上之所以能成为世界之最，成为大国重器，是我们自已艰辛奋斗出来的。

船行千里，是文化之旅。我们一上船，就感受到浓浓的文化氛围，长江黄金六号船组织了两次文艺晚会，船员们自编自导自演的节目，表达了旅游公司的欢迎之情。而中外游客的自由加入演唱，更使船上的欢乐气氛浓烈。在忠县，大型山水实景剧《烽火三国》的演出，场面宏大，气势磅礴，三国战场情景的再现，关羽这个忠义化身的集中表现，忠义文化的展示，都给人们留下了深刻的印象，使人认识到文化是如此有震撼力，而忠义与我们忠诚于党的事业，是完全吻合的。丰都鬼城，文化同样浓烈，千年人鬼不了情，鬼神难分，给出了另外一种鬼神文化的注解。

船行千里，是快乐之旅。一路船，一路歌；一路歌，一路笑。无论是在游轮上的演出，或是在乌蓬船上船工放歌，或是在车溪古镇上大舞台上上演的具有浓浓土家民族风格的精彩演出，或是在三峡人家沿途上的出色表演，都让我们感受到三峡之旅的快乐，感受到三峡人民的能歌善舞，感受到三峡人民的热情

好客，几天的旅程，我们一直在这种快乐而美好的环境中度过。

船行千里，是信心之旅。旅途所到之处，遍地青山绿水，到处莺歌燕舞，人们生活在幸福与快乐之中。宜昌，我们虽是首次抵达，但能够感受到这座历史名城曾因白居易、白行简、元稹、欧阳修、苏洵、苏轼、苏澈、黄庭坚、陆游等著名诗人的到来而生辉，更因葛洲坝、三峡工程而兴、而富、而更出名。夜晚走在宜昌长江边的滨江健康步道上，一边是奔腾不息的长江，江边风光秀丽，夜风凉爽；另一边是夜幕下灯光闪耀的城市，一幢幢现代化的大厦，把宜昌打扮得无比壮美。霓虹灯闪耀，壮观极了，而在广场上尽情载歌载舞的快乐人群，既呼吸着江边新鲜的空气，又感受着夜幕下现代城市的壮美，在这种环境下载歌载舞，享受着生活的无比快乐与幸福，这种情景只有中国才有，这种幸福，只有我们能够享受。美丽中国，美丽三峡，美丽宜昌，通过这次三峡之旅，我们更深切地感受到今日中国之幸福与强大，而古时诗人描绘的大都是蓝图与梦想，只有今天我们才把这种蓝图与梦想变成美好的现实。

船行千里，是旅游之旅。旅游搞活了经济，旅游带动了消费，旅游激活了人气，旅游促进了循环。旅游带动了船运，带动了航空，带动了铁路、带动了公路交通，带动了沿途城市的住宿、餐饮、商业、交通、文化，景区、观光、服务业等发展，带动了沿途地方特产的销售。旅游，是经济发展十分重要的组成部分，是人们强烈的内在需求，是人们幸福而健康生活的组成部分，是推动脱贫致富的重要内容。旅游，是扩大内需、推动内循环的重大举措。

再见了，美丽的三峡。短促的时间，无法把你的美丽笑容看个够，也无法深度领略你迷人的风采，你是一本厚重的历史史书，要经常看，仔细看，反复看。

再见了，神奇的三峡。高峡出平湖的奇迹，这是古时的梦想，只有在现代中国，我们才能实现。100 多米万吨升船机，只有在中国才能实现，大国重器，只有奋斗才能获得。

再见了，难忘的三峡。我们还会再来三峡，看看美丽的风光，亲吻这山、这水、这片蓝天、这片绿色，看看三峡的巨变，吟诵激昂的诗篇，重温历史的岁月，享受美丽的风景，体会多民族的文化，感受祖国的大好河山，领略这无限风光。

再见，三峡！

2021.4.7

无限风光在旅途

——《人在旅途》后记

2020 年是极不平凡的一年，这一年一直处在新冠疫情的全球流行中，疫情给人类带来了生存与健康的极大挑战，由于美欧与部分国家防疫的不力，致使全球性的疫情没有得到有效控制，一直在不断蔓延，如今全球新冠感染确诊人数已达 1.46 亿，死亡人数达 340 多万人，而且疫情还在不断地蔓延。

在这种情况下，国际旅游已成为完全不可能的事。疫苗接种还在进行，无论是数量与质量都还难以做到全员接种，国际间的正常交往，还有很长的路要走。

十分庆幸的是，在党中央的英明领导下，全国人民众志成城，抗击新冠病毒肺炎疫情取得伟大胜利，生产与生活很快就恢复正常，国民经济蓬勃发展，保持了持续的增长，在全球一枝独秀，成为全世界抗疫的典范与希望。防疫的成功，不仅为生产与工作的正常化创造了条件，而且也为国内短时旅游带来可能。这一年，国内旅游成为我们唯一的选择，也是快乐的选择。

国内旅游的好处就是可控、方便灵活、经济实惠、景色多样、回旋余地大，现代化的城镇建设，祖国的面貌日新月异，到处鲜花盛开，绿色环绕。青山绿水就是金山银山的理念，日益深入人心，祖国江山美如画，国内旅游同样丰富精彩。

这次出版的《人在旅途》共分为上、下两册，原本想分开出版，但合在一起的好处很多，可以简化出版手续，丰富出版内容，而且书名《人在旅途》更加响亮与包容，结两册出版是合适的。

《人在旅途》的上册先后收集了在上海、安徽、川滇藏、延安、浙江、漠河、大兴安岭、呼伦贝尔大草原、满洲里、太行山等地的旅游见闻，共计 59 篇。

《人在旅途》的下册共收集了我们在成都、深圳、福建、三亚、重庆、宜昌、三峡沿途的见闻，共计 52 篇。

《人在旅途》既有对祖国自然风光的赞美，又有对人文历史的哲学思考，还有对红色之旅的记叙，这些游记是旅游景点的最新注解，是快乐旅游的真实记录，是人在旅途的精神提炼。

《人在旅途》是继我们《行走在远方》《外面的世界》《一路风尘》后的第四、第五本游记。原本想再写三本游记后停下来，但实际上停不下来。因为，生命在继续，旅游就会继续，旅游是生命的重要组成部分，不会停顿下来。同时，前三本游记《行走在远方》《外面的世界》《一路风尘》出版后，得到了读者热烈的肯定，不少读者认为这些游记不仅有对旅游景点画龙点睛的描绘，成为旅游入门的向导，而且每篇游记都有独特的分析观察视野，游记富有哲理，闪烁着思想的浪花，有教育意义与保存价值，因此迫切要求我们继续写下去。为此，我们没有理由停下来，我们不能辜负大家的期待，我们准备继续写下去，而且在出书速度上会加快一些，之所以能够加快的原因是我们的写作速度在提高，观察能力在深入，我们有可能再快一些，因此就有了这次《人在旅途》的上、下两册。

对我们而言，旅游不仅是我们物质生活的一部分，更是我们精神生活的一部分，我们在旅途中感受大自然的美丽，感受祖国江山的壮美，感受中华民族的璀璨历史文化，同时也更多地被先辈们的伟大精神与不朽业绩所感动，这种感动将成为我们继续前行的力量。而这本《人在旅途》的出版恰逢中国共产党成立 100 周年与中华人民共和国成立 72 周年之际，这也是我们献给伟大的党与伟大祖国的最好礼物。

衷心感谢著名作家、中国作协副主席何建明老师在百忙之中再次为我们的游记写序，我近几年的文学作品、我与夫人的游记几乎都由建明老师写序。建明老师每年有着极其繁重的写作任务与各类讲课任务，《战“疫”之歌》《雨花台》《大桥》《革命者》《浦东诗话》《那山，那水》《上海的表情》《德清清自流》等都是近年他的代表作，这些作品享誉全国，有极大的传播力与震撼力，他这次在百忙之中再次为《人在旅途》写序，是我们莫大的荣幸，我们很难用语言来表达我们的感谢之心。

感谢《散文诗世界》宓月主编对本书的精心策划与编辑部曾真的设计，感谢四川文艺出版社的信任与大力支持，感谢责任编辑朱兰、蔡曦的努力，感谢院办何璐同志对文稿的保存与管理。

我要特别感谢与我们同行的所有朋友们，正是你们的同行，给我们的旅途带来了快乐，带来了灵感，使我们的旅途不再寂寞。

我们将继续我们的旅途，继续书写我们的游记，我们将在旅游中学习新的知识，在旅游中寻找新的感动，在旅游中享受新的经历，在旅游中体验新的生活，在旅游中陶冶自己的情操，在旅游中与友人共度欢乐时光，在旅游中触发新的灵感，在旅游中继续写下我们的游记。

赵振元

2021.5.18